Marcella Jung

Controlling in der Apotheke

Wirtschaftlicher Erfolg durch sinnvolle Steuerungsinstrumente

Govi-Verlag

Bibliographische Information der Deutschen Bibliothek

Die Deutsche Nationalbibliothek verzeichnet diese Publikation in der Deutschen National-bibliografie; detaillierte bibliographische Daten sind im Internet über

http://dnb.d-nb.de

abrufbar.

ISBN: 978-3-7741-1251-3

© 2014 Govi-Verlag Pharmazeutischer Verlag GmbH, Eschborn

www.govi-verlag.de

Die Wiedergabe von Gebrauchsnamen, Handelsnamen, Warenbezeichnungen usw. in diesem Buch berechtigt auch ohne besondere Kennzeichnung nicht zu der Annahme, dass solche Namen im Sinne der Warenzeichen- und Warenschutzgesetzgebung als frei zu betrachten wären und daher von jedermann benutzt werden dürften.

Alle Rechte, insbesondere das Recht der Vervielfältigung und Verbreitung sowie der Überset-zung, bleiben vorbehalten. Kein Teil des Werkes darf in irgendeiner Form (durch Fotokopie, Mikrofilm oder ein anderes Verfahren) ohne schriftliche Genehmigung des Verlages reproduziert oder unter Verwendung elektronischer Systeme verarbeitet, vervielfältigt oder verbreitet werden.

Titelbild: © Joelle M – Fotolia.com

Satz: Fotosatz Buck, Kumhausen/Hachelstuhl

Druck und Verarbeitung: Beltz Bad Langensalza GmbH

Printed in Germany

Marcella Jung
Controlling in der Apotheke
Wirtschaftlicher Erfolg durch sinnvolle Steuerungsinstrumente

Inhaltsverzeichnis

Vorwort

Controlling-Seminare für Apothekenleiter gewinnen immer mehr an Beliebtheit, enden aber häufig mit der Reaktion: »Wann soll ich das alles noch machen?«. Je schwieriger die wirtschaftliche Lage, desto eher wird die Frage nach Hilfsmitteln gestellt und Controlling ist dafür wie prädestiniert. Die Erfahrung zeigt jedoch, dass das neu gewonnene Wissen oft nur teilweise umgesetzt wird. Hauptsächlich werden Zeitgründe angeführt und auch eine gewisse Überforderung. Dieses Buch hat »sinnvoll« im Titel, weil es nicht um einen Kennzahlen-Marathon geht, sondern darum, eine Balance zu finden zwischen effizienter Apothekensteuerung und dem Nutzen für Sie als Anwender der Controlling-Kennzahlen.

Es ist schwer, Controlling-Aufgaben zu delegieren, da es sich häufig um vertrauliche Finanzangaben handelt. Der Inhaber sollte aber nicht immer alles selbst machen und Aufgaben delegieren können. So werden Sie in diesem Buch Kennzahlen finden, die ohne Weiteres von Ihren »Controllern« gemessen und gesteuert werden können, wie z. B. Kundenkennzahlen. Andere Kennzahlen möchte der Inhaber für sich behalten, wie z. B. Liquiditätsgrade. Definitiv ist aber anzustreben, breites Fachwissen innerhalb der Apotheke aufzubauen, anstatt auf Auswertungen der Steuer- oder Finanzberater zu warten.

Die Inhalte dieses Buches sind nicht so gewählt, dass Sie als Inhaber alle Kennzahlen »abarbeiten« müssen, sondern dass Sie sich auf das Aufgabengebiet Controlling ganz allgemein konzentrieren können.

Bitte beachten Sie bei aller Freude an der Berechnung von Kennzahlen, dass der Kunde Ihr wichtigstes Gut ist. Es nützt alleine nichts, wenn Sie Key Performance Indikators (KPIs) berechnet haben und die optimale Beratungszeit pro Kunde kennen. Er braucht in dieser Zeit Ihre Sympathie, Empathie, Ihr Lächeln und herzliche Wärme, damit der Wohlfühlfaktor stets so hoch ist, dass er sich beim nächsten Bedarf wieder für den Weg zu Ihrer Apotheke entscheidet. Es gibt mit Sicherheit ausreichend Apotheken, die ohne auch nur eine Kennzahl zu berechnen bei Kunden sehr beliebt sind. Aufgrund des steigenden Kostendrucks ist es wohl die gelungene Balance zwischen wirtschaftlicher Effizienz und Kundenzufriedenheit, die wesentliche Wettbewerbsvorteile schaffen wird. Lassen Sie also Ihre Kunden nicht spüren, dass Sie über ein raffiniertes Controlling-System verfügen.

Dieses Buch richtet sich sowohl an Apotheken- und Filialleiter als auch an Menschen, die mit dieser Materie anderweitig in Berührung kommen, z. B. als steuerlicher oder kaufmännischer Berater, der seine Apotheker-Mandanten qualifizierter unterstützen möchte.

Dankeschön

Besonders meiner Familie danke ich sehr! Ich habe einen wundervollen Mann und Eltern, die mich so sehr unterstützen, dass ich neben meinem Job als Geschäftsführerin der Jung-Akademie auch das zweite Buch schreiben konnte. Ihr seid großartig, vielen Dank!

Im geschäftlichen Beratungsumfeld spreche ich vor allem Herrn Jens Psczolla, Geschäftsführer der Firma Konzept-A, Konzepte für Apotheken GmbH, meinen Dank aus. Sein einzigartiges Fachwissen vor allem im Einkaufswesen der Apotheken bietet immer wieder für mich und meine Kunden wertvolle Informationen, die auch in dieses Buch eingeflossen sind.

Ebenfalls danke ich an dieser Stelle dem Govi-Verlag, der mit mir eine neue Zusammenarbeit begonnen hat und mir volles Vertrauen entgegengebracht hat!

Ich wünsche Ihnen viel Spaß mit der Betriebswirtschaft.

Ihre
Marcella Jung

1. Einführung: Was ist Controlling?

Immer wieder ist zu lesen, dass das Planen von Unternehmenszielen eine Controlling-Aufgabe sei. Meiner Ansicht nach gehört dies ins Management und das Controlling übernimmt diese Angaben als so genannte »Soll-Werte«. Es ist jedoch so, dass das Management nur dann planen kann, wenn planungsrelevante Informationen zur Verfügung stehen, und sicherlich lässt sich die Aufgabe der Informationsgewinnung wiederum dem Controlling zuordnen. Nachfolgend können Sie die klassischen Controlling-Aufgaben erkennen:

Abb. 1: Die vier Controlling-Aufgaben

Controlling-Aufgabe 1: Informationsgewinnung

Je nachdem mit welchem Softwaresystem Sie in der Apotheke arbeiten, können Sie auf sehr wertvolle Informationen zurückgreifen. Im so genannten »Managementreport« werden viele Controlling-Funktionen zusammengefasst. Oft sind damit höhere Gebühren an den Softwareanbieter verbunden. Sehr häufig erlebe ich in der Praxis aber: Sie könnten auf diese Informationen zurückgreifen, wissen aber gar nicht, dass Sie sie haben. In diesem Buch wird nicht weiter auf Informationssysteme, die es im Markt käuflich zu erwerben gibt, eingegangen. Oft bieten die Anbieter dieser Systeme Schulungen zu Ihren Systemen an. Es ist jedoch sekundär, wie schön grafisch das Ergebnis aufbereitet ist, es kommt auf den Inhalt an sich an. Gerne können Sie auch einfach die Informationen in eine gängige Excel®-Datei eingeben. Entscheidend sind die Richtigkeit der Eingabe und die korrekte Ableitung der Maßnahmen aus den gewonnenen Ergebnissen.

Ihre Controlling-relevanten Informationen können Sie gewinnen aus:

- Buchhaltung bzw. internem Rechnungswesen, Betriebswirtschaftlicher Analyse (BWA),

- Jahresabschluss bzw. externem Rechnungswesen (evtl. Steuerberater),

- internem Warenwirtschaftssystem,

- Marktdaten, brancheninternen Vergleichen (Benchmarks).

Die meisten Finanzangaben werden innerhalb der Buchhaltung ermittelt.

Sehr wichtig ist die Konzentration auf das Wesentliche und die Verdichtung von zielgerichteten, also die für Sie und Ihren Standort relevanten, Informationen. Wenn z. B. bei typischen Vergleichswerten von der »Durchschnittlichen Apotheke« die Rede ist, so ist dies zu vernachlässigen. Denn wenn alle Apotheken in Deutschland miteinander verglichen werden sollen, so finden Sie so viele Unterschiede, dass Ihnen der Vergleich an sich nichts bringt. Bitte trennen Sie sich von der Erwartungshaltung, sich mit allen anderen Apotheken vergleichen zu wollen! »Bauen« Sie sich Ihr eigenes Kennzahlenwerk und stellen Sie sicher, dass Ihnen die Hintergründe Ihrer eigenen Veränderungen klar sind.

Lieferant für Informationen ist nicht nur Ihr eigenes Warenwirtschafts- und Informationssystem, sondern oft auch der Steuerberater. Beachten Sie hierbei, dass geclustert wird nach Art der Apotheke (Umsatzgruppen) und nach Region. Eine Ärztehausapotheke sollte auch nur mit einer solchen verglichen werden, und dass es regionale Unterschiede bei anfallenden Kosten und Kaufkraft gibt, ist Ihnen sicherlich auch klar. Auch Apothekerverbände, -kammern, Industrie- und Handelskammer (IHK), ABDA oder Fachartikel können Ihnen zusätzliche Informationen liefern.

Von großer Bedeutung ist die Qualität Ihrer Daten. Diese beziehen Sie zum größten Teil aus Ihrem Apotheken-EDV-System. Fordern Sie gegebenenfalls vom System-Anbieter die notwendige Unterstützung an, wenn Sie Informationen vermissen oder die Ergebnisse für Sie nicht zufriedenstellend dargestellt sind.

Nachfolgend werden Sie für die Berechnung der Kennzahlen regelmäßig aufgefordert, bestimmte Dokumente als Informationsquelle heranzuziehen. Dazu gehören:

- Gewinn- und Verlustrechnung (GuV),

- Betriebswirtschaftliche Auswertung (BWA),

- Bilanz.

Was sind diese Dokumente und was sagen sie aus? Nachfolgend lesen Sie eine kurze Zusammenfassung. Fehlen Ihnen diese betriebswirtschaftlichen Grundlagen, so benötigen Sie weiterführende Literatur (z. B. »BWL kompakt. Der Apothekenberater für Ihre Wirtschaftlichkeit«, Marcella Jung 2013, »Fit für die Apothekenführung«, Martin Hassel 2010).

Wichtige Dokumente

Gewinn- und Verlustrechnung (GuV)
Die Gewinn- und Verlustrechnung (GuV) wird im Zuge des Jahresabschlusses erstellt und unterliegt strenger Gesetzgebungsrichtlinien. Sinngemäß werden Ihre Erträge (Einnahmen) aus dem Geschäftsjahr zusammengefasst und davon Ihre Aufwendungen (Ausgaben) subtrahiert. Das Ergebnis – sofern positiv (= Gewinn) – ist zu versteuern. Das Ergebnis (nach Steuer) symbolisiert Ihren »Erfolg« der Apotheke. Kennzahlen beziehen sich auf fast alle Bestandteile der GuV.

Betriebswirtschaftliche Auswertung (BWA)
Da Sie nicht das ganze Geschäftsjahr warten wollen, wie das Gesamtergebnis Ihrer Apotheke aussieht, bilden Sie schon vorzeitig ein »Zwischenergebnis« ab. Das ist in der Regel monatlich der Fall, so dass man von einer monatlichen GuV sprechen könnte. Hier gibt es aber keine gesetzlichen Vorgaben, so dass dieses Dokument frei gestaltbar ist. Die BWA gilt als die interne »kurzfristige« Erfolgsmessung. Kennzahlen beziehen sich auf fast alle Bestandteile der BWA.

Bilanz
Die Bilanz ist ebenfalls Pflichtbestandteil des Jahresabschlusses und gilt als ein statisches Instrument. Sie erfassen zu einem Stichtag per Inventur Ihr Vermögen (= Aktiva) und dokumentieren, wie alles finanziert worden ist (= Passiva). Statisch daher, da es zu einem Stichtag erfasst ist und keine Zusammenfassung des Geschäftsjahres ist (wie in der GuV). Es kann also am nächsten Tag wieder ganz anders aussehen. Die Bilanz sagt aus, was Sie zum Stichtag an Vermögen besitzen und wie es finanziert worden ist. Für die Apotheke sind die Posten Vorräte (Lager) und Flüssige Mittel (Bank, Kasse) im Hinblick auf die Bildung von Kennzahlen besonders wichtig.

Vorbereitende Tätigkeiten
Nachhaltigen Erfolg erzielen Sie nur dann, wenn Sie sowohl strategische als auch operative Steuerungselemente beachten. Als Ausgangspunkt für eine strategische (langfristige) Planung sind folgende Fragen zu beantworten:

■ Welche Zielgrößen soll meine Apotheke erfüllen?

■ Wo stehen wir (Stärken/Schwächen)?

■ Welche Rahmenbedingungen ergeben sich durch
  ▪ meine Kunden
  ▪ meine Mitbewerber oder ähnliche Anbieter (z. B. Internet)
  ▪ die Standortbedingungen (Kaufkraft)
  ▪ politische Veränderungen
  ▪ Qualifizierung meines Personals
  ▪ Einwohnerpotenzial
  ▪ Ärzteentwicklung/Verschreibungspotenzial
  ▪ Sonstiges?

Allen Betrachtungen ist ein direkter oder indirekter Einfluss auf die Umsatzentwicklung und auf die Kosten der Apotheke gemein. Die Punkte werden im Zuge der Management-Planung vertieft und der Controller übernimmt die Vorgaben als Soll-Werte.

Zu den Vorbereitungen gehört auch, die größte Einnahmeart, die Umsatzerlöse, in die nachfolgenden Kategorien zu clustern:

■ Umsatz mit apothekenpflichtigen Artikeln (GKV-Rezepte, Privatrezepte) = Rx-Umsatz,

■ Umsatz mit nichtapothekenpflichtigen Artikeln, Hilfsmitteln und Medical-Produkten = non-Rx-Umsatz,

■ Umsatz mit Sonderkategorien wie Aktionen, Kosmetik, Spezialsortimenten oder Dienstleistungen = non-Rx-Umsatz.

Und falls vorhanden, führen Sie diese Trennung separat für Offizin, Versandapotheke und/oder Online-Shop ein.

Die Clusterung in Rx und non-Rx ist notwendig, damit Sie später die entsprechenden Kennzahlen bilden können. Würde Ihr Umsatz ganzheitlich den gleichen Charakter haben, wie z. B. in einem Schuhgeschäft, so wäre dies nicht notwendig. Bedingt aber durch die gesetzliche Beeinflussung sollten Sie Ihren Umsatz für die nachfolgenden Kennzahlen »präparieren«. Die Abrechnungszentren liefern in der Regel monatlich diese Angaben, so dass Sie zu einer solchen Umsatzeinteilung in der Lage sein müssten.

Wie gut sind Sie auf die Kundenkennzahlen vorbereitet? Erfassen Sie nicht nur die Kundenzahl (Vor-Ort-Käufe), sondern auch Botenlieferungen, Nichtverkäufe, Dienstleistungen und auch die reinen Beratungsgespräche. Controlling bedeutet nicht nur das Berechnen von Kennzahlen, sondern auch das Beobachten von bestimmten Situationen und daraus folgenden Optimierungsmöglichkeiten. Daher sind Sie gut vorbereitet, wenn Sie nicht nur Zahlenmaterial sammeln, sondern auch ganze Prozesse und Zusammenhänge beobachten und sich Notizen dazu machen.

Praxisbeispiel: Umsatzzuwachs in einem Monat im Vergleich zum Vorjahresmonat

Viele Apotheken haben während der Fußball-WM im Jahr 2006 und dem phantastischen Sommer dazu sicherlich überdurchschnittliche Umsatzzuwächse erfahren. Diese äußert positive Stimmung in der Bevölkerung führte insgesamt zu einer verbesserten Kauflaune und ließ im gesamten Einzelhandel die Umsätze steigen. Es ist dann wichtig, die Tatsache dieser positiven Stimmung – bedingt durch die WM (oder/und Wetter) – festzuhalten. Prognostizieren Sie nun künftige Umsätze und schließen dabei von Ihren Vergangenheitswerten auf die Zukunft, so kann Sie eine entsprechende Notiz davor schützen, zu optimistisch für das nächste Jahr zu sein (da keine WM zu erwarten ist). Die Erinnerung daran verblasst schnell und nach kurzer Zeit sind solche scheinbar klaren Hintergrundinformationen vergessen. Wenn Sie später vor allem bei den Soll-Ist-Abgleichen Veränderungen feststellen, so halten Sie diese fest. Vorbereitend können Sie die Vergangenheitswerte nach solchen Auffälligkeiten prüfen. Dazu gehört auch der Wegfall oder Zuzug von Ärzten, größeren Arbeitgebern, Wettbewerbern, Aufnahme neuer Geschäftsfelder, Vergrößerung der Offizin, Stadtfest, mehr Öffnungstage als im Vorjahr etc.

Controlling-Aufgabe 2: Unterstützung bei der Planung

Das Planen einer Vision und der sich daraus ableitenden Unternehmensziele gehört in die Thematik des strategischen Managements. Das Controlling leistet hier mit diversen Instrumenten Unterstützung und nennt sich daher »strategisches Controlling«.

Das Controlling unterscheidet in seinen Instrumenten nach operativem und strategischem Controlling (angelehnt an Peemöller, Controlling):

Nachhaltige Apothekensicherung **strategisch** (zukunftsgerichtet) **Strategisches Controlling**	Aktive Geschäftstätigkeit **operativ** (aktuell) **Operatives Controlling**
Vision/Ziele mittels: Business Plan/Rolling Forecast SWOT: Umfeldanalyse (OT) SWOT: Betriebsanalyse (SW)	Gewinnstreben und Liquiditätsfluss mittels: GuV/BWA flüssige Mittel (Konten) Kennzahlen

Abb. 2: Operatives und strategisches Controlling

Mittels einer »SWOT-Analyse« werden sowohl strategische als auch operative Controlling-Aspekte abgedeckt. Sie können sinnvoll nur dann eine Zukunftsplanung aufstellen, wenn Sie Ihre gegenwärtige Situation analysiert haben. Dafür ist dieses Instrument sehr gut geeignet.

SWOT-Analyse

S = Strengths = (eigene) Stärken
W = Weaknesses = (eigene) Schwächen
O = Opportunities = Chancen und positive Aussichten
T = Threats = Risiken und hinderliche Entwicklungen

Die SWOT-Analyse ist nicht nur für Bankgespräche geeignet, sondern hilft bei Visualisierung von Projektvorhaben. Bringen Sie Ihre Gedanken in eine strukturierte Form und besprechen Sie alles mit Mitarbeitern, Partnern etc.

	Operativ und innerhalb der Apotheke		Strategisch und außerhalb der Apotheke	
	Strengths (Stärken)	Weaknesses (Schwächen)	Opportunities (Chancen)	Threats (Risiken)
Mitarbeiter				
Kunden				
Wettbewerb				
Produkte				
Dienstleistung				
Strukturen				
Prozesse				
Eigene Person				
Sonstiges				

Abb. 3: SWOT-Analyse-Schema

Die praktische Vorgehensweise ist das Auflisten der einzelnen Punkte und vor allem bei Schwächen und Risiken das Aufzeigen von Gegenmaßnahmen. Natürlich gibt es eine persönliche Variante und eine für die Bank ☺!

Beispiele

Struktur/Standort – Schwächen/Weaknesses: Die Apotheke liegt dezentral in einer Seitenstraße.

Gegenmaßnahme: Anbringen von Hinweisschildern sowie Verstärkung der Beleuchtung.

Kunden – Risiken/Threats: Abwanderung der Kunden ins Internet
Gegenmaßnahme: pro-aktive Kundenbindungsmaßnahmen und Überzeugung durch Qualität. Die definierten Marketing-Maßnahmen lauten: ... (nachfolgend würden Sie Ihre geplanten Marketingaktivitäten nennen).

Controlling-Aufgabe 3: Analysen

Das Controlling soll zeitlich übergreifend verstanden werden. Es richtet sich in die Vergangenheit (wie und was haben wir bis jetzt gemacht), beleuchtet die Gegenwart (was läuft gut und wo sind Engpässe) und kann schließlich für die Zukunft Empfehlungen geben, um Fehler zu vermeiden oder/und Aktionen anzugehen. Die Analysen sind dabei übergreifend in allen Prozessen und Kennzahlen vorzunehmen, einerseits apothekenintern und andererseits auf den Markt bezogen (z. B. Kunden, Wettbewerb, Gesetzgebung). Alle zukunftsbezogenen Analysen und Maßnahmen sind als strategisches Controlling zu verstehen, alle gegenwärtigen als operatives. Analysen der Vergangenheit dienen sowohl dem strategischen als auch dem operativen Controlling.

Wenn man sich die Entwicklung in den Apotheken in der jüngeren Vergangenheit anschaut, so können zahlreiche Beispiele für neue und innovative Wege (Onlineshops, »happy hour« etc.) gefunden werden. Seitdem im Jahr 2004 das Gesetz zur Modernisierung der Gesetzlichen Krankenversicherung (GMG) Türen zur Preisgestaltung geöffnet hat, finden Apotheker neue Wege zur Kundengewinnung. In diesem Zusammenhang kann der Controller als Quelle der Innovation gesehen werden. Vergleichbar mit Kapitän und Steuermann auf einem Schiff würde das Management (= Kapitän) der Apotheke entscheiden müssen, was sinnvoll ist und durchgeführt wird, aber der Controller (=Steuermann) wäre derjenige, der den Impuls für Optimierung gibt.

Controlling-Aufgabe 4: Steuerung

Die Steuerung aufgrund gewonnener Informationen wirkt sich auf verschiedene Bereiche der Apotheke aus. Im so genannten Business-Plan können Sie alle relevanten Informationen und Entscheidungen/Maßnahmen festhalten. Den Kern bilden die finanzwirtschaftlichen Kennzahlen. Weiterhin treffen Sie Maßnahmen innerhalb Ihrer

Sortiments- und Personalpolitik sowie im Zuge der Kundenbetreuung. Das Controlling soll als Vorstufe zur Entscheidungsfindung dienen und das Management entscheidet. Denken Sie wieder an das Schiff. Sind, was in Apotheken häufig der Fall ist, Kapitän und Steuermann ein und dieselbe Person, so ist dies natürlich für Sie eine rein theoretische Trennung der Aufgaben.

Helfen Sie sich mit Excel® aus

Den hier angegebenen Beispielen liegt überwiegend Excel® als Tabellenbearbeitungsprogramm zugrunde. Ihre Softwaresysteme bieten häufig eigene Auswertungsprogramme an, die letztendlich aber auch auf dieses System zurückgreifen. Ich empfehle den Einsatz des eigenen Excel-Programms (oft haben Sie in den Apotheken bereits MS-Office-Lizenzen gekauft), anstatt weitere Kosten für vielleicht schönere Grafiken auszugeben. Jede Grafik steht und fällt mit der Zahlenbasis und auf die sollen Sie sich zunächst konzentrieren. Natürlich ist die Erstellung zunächst aufwendig, aber im Sinne der langfristigen Apothekensteuerung lohnt sich der Erstaufwand. Die Erfahrung zeigt auch, dass beim eigenen Anlegen dieser Tabellen am besten klar wird, ob man überhaupt verstanden hat, was gerade gemessen werden soll. Ihre Fachkompetenz und Einschätzung des Marktes ist das wertvollste Gut und sollte somit in jedes Instrument einfließen können. Bringen Sie daher Ihre Excel-Kenntnisse auf Vordermann und konzentrieren Sie sich auf die Richtigkeit der Inhalte statt auf die Schönheit der Grafiken.

Die folgende Darstellung ist völlig ausreichend.

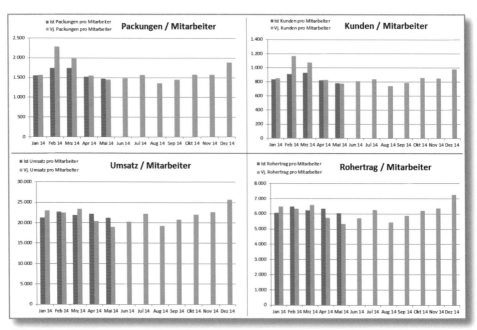

Abb. 4: Excel®-Auswertung verschiedener Kennzahlen

Liquiditäts- und Budgetplanung zur Apotheken-Neugründung - Kurzfrist 12 Monate (c) Dr. Reinhard Herzog, Tübingen / IWW Nordkirchen. Version 1.2 - Mai 2010

Kundenzahlen festlegen	1	2	3	4	5	6	7	8	9	10	11	12	Summen / Mittelwerte	Szenarien:
Kundenzahl monatlich:	4.500	5.000	5.125	5.250	5.375	5.500	5.625	5.750	5.875	6.000	6.125	6.250	66.375	A
Umsatz pro Kunde:	12,50 €	12,75 €	13,00 €	13,25 €	13,50 €	13,75 €	14,00 €	14,25 €	14,50 €	14,75 €	15,00 €	15,25 €	13,95 €	B
= Umsatz:	56.250 €	63.750 €	66.625 €	69.563 €	72.563 €	75.625 €	78.750 €	81.938 €	85.188 €	88.500 €	91.875 €	95.313 €	925.938 €	C
Handelsspanne:	29,00 %	29,00 %	29,00 %	29,00 %	29,00 %	29,00 %	29,00 %	29,00 %	29,00 %	29,00 %	29,00 %	29,00 %	29,00 %	
= Rohertrag:	16.313 €	18.488 €	19.321 €	20.173 €	21.043 €	21.931 €	22.838 €	23.762 €	24.704 €	25.665 €	26.644 €	27.641 €	268.522 €	Auswahl:
Rohertrag je Kunde:	3,63 €	3,70 €	3,77 €	3,84 €	3,92 €	3,99 €	4,06 €	4,13 €	4,21 €	4,28 €	4,35 €	4,42 €	4,05 €	B
Kosten:														
Personal:	15.000 €	15.000 €	15.000 €	15.000 €	15.000 €	15.000 €	15.000 €	15.000 €	15.000 €	15.000 €	15.000 €	15.000 €	180.000 €	
Raumkosten gesamt:	3.250 €	3.250 €	3.250 €	3.250 €	3.250 €	3.250 €	3.250 €	3.250 €	3.250 €	3.250 €	3.250 €	3.250 €	39.000 €	
Werbekosten:	15.000 €	10.000 €	7.500 €	4.000 €	4.000 €	4.000 €	4.000 €	4.000 €	4.000 €	4.000 €	4.000 €	4.000 €	68.500 €	
Leasing- + Wartungskosten EDV:	500 €	500 €	500 €	500 €	500 €	500 €	500 €	500 €	500 €	500 €	500 €	500 €	6.000 €	
Leasing- + Wartungskosten Automat, Sonst.:	0 €	0 €	0 €	0 €	0 €	0 €	0 €	0 €	0 €	0 €	0 €	0 €	0 €	
Sonstige Sachkosten:	2.500 €	2.500 €	2.500 €	2.500 €	2.500 €	2.500 €	2.500 €	2.500 €	2.500 €	2.500 €	2.500 €	2.500 €	30.000 €	
Umsatzvariable Kosten (%):	1,00 %	1,00 %	1,00 %	1,00 %	1,00 %	1,00 %	1,00 %	1,00 %	1,00 %	1,00 %	1,00 %	1,00 %		
= absolut:	563 €	638 €	666 €	696 €	726 €	756 €	788 €	819 €	852 €	885 €	919 €	953 €	9.259 €	
Summe operative Kosten:	36.813 €	31.888 €	29.416 €	25.946 €	25.976 €	26.006 €	26.038 €	26.069 €	26.102 €	26.135 €	26.169 €	26.203 €	326.759 €	
= operativer Gewinn (EBITDA):	-20.500 €	-13.400 €	-10.095 €	-5.773 €	-4.933 €	-4.075 €	-3.200 €	-2.308 €	-1.398 €	-470 €	475 €	1.438 €	-64.238 €	
operative Kosten je Kunde:	8,18 €	6,38 €	5,74 €	4,94 €	4,83 €	4,73 €	4,63 €	4,53 €	4,44 €	4,36 €	4,27 €	4,19 €	4,92 €	
Personalkosten je Kunde:	3,33 €	3,00 €	2,93 €	2,86 €	2,79 €	2,73 €	2,67 €	2,61 €	2,55 €	2,50 €	2,45 €	2,40 €	2,71 €	
Zinsen:	1.100 €	1.100 €	1.100 €	1.100 €	1.100 €	1.100 €	1.100 €	1.100 €	1.100 €	1.100 €	1.100 €	1.100 €	13.200 €	
= Cash Flow:	-21.600 €	-14.500 €	-11.195 €	-6.873 €	-6.033 €	-5.175 €	-4.300 €	-3.408 €	-2.498 €	-1.570 €	-625 €	337 €	-77.438 €	
													0 €	
Abschreibungen:	1.800 €	1.800 €	1.800 €	1.800 €	1.800 €	1.800 €	1.800 €	1.800 €	1.800 €	1.800 €	1.800 €	1.800 €	21.600 €	
= Ergebnis vor Steuern:	-23.400 €	-16.300 €	-12.995 €	-8.673 €	-7.833 €	-6.975 €	-6.100 €	-5.208 €	-4.298 €	-3.370 €	-2.425 €	-1.463 €	-99.038 €	
													0 €	
Tilgungen:	0 €	0 €	0 €	0 €	0 €	0 €	0 €	0 €	0 €	0 €	0 €	0 €	0 €	
Vorsorge: Krankenkasse:	300 €	300 €	300 €	300 €	300 €	300 €	300 €	300 €	300 €	300 €	300 €	300 €	3.600 €	
Vorsorge - Rente (anfangs reduzierbar):	700 €	700 €	700 €	700 €	700 €	700 €	700 €	700 €	700 €	700 €	700 €	700 €	8.400 €	
Vorsorge - Sonstiges:	250 €	250 €	250 €	250 €	250 €	250 €	250 €	250 €	250 €	250 €	250 €	250 €	3.000 €	
Privatentnahmen Lebenshaltung:	1.000 €	1.000 €	1.000 €	1.000 €	1.000 €	1.000 €	1.000 €	1.000 €	1.000 €	1.000 €	1.000 €	1.000 €	12.000 €	
= Vor-Steuer-Liquidität (-bedarf):	-23.850 €	-16.750 €	-13.445 €	-9.123 €	-8.283 €	-7.425 €	-6.550 €	-5.658 €	-4.748 €	-3.820 €	-2.875 €	-1.913 €	-104.438 €	

Quelle: Dr. Reinhard Herzog, Tübingen / IWW Nordkirchen. Version 1.2 – Mai 2010

Abb. 5: Business-Plan kurzfristig

Mittelfrist-Planung:	Nur in die gelben Zellen werden Werte eingegeben ...					
Jahr	**2003**	**2004**	**2005**	**2006**	**2007**	
Umsatz	1.475	1.400	1.420	1.450	1.500	Tsd. Euro
Rohgewinn	413	371	362	363	375	Tsd. Euro
Gesamtkosten vor AfA	293	273	273	267	267	Tsd. Euro
Netto-Handelsspanne	28,00	26,50	25,50	25,00	25,00	%
Kostenaufteilung absolut:						
Personalkosten	160,0	145,0	145,0	140,0	140,0	Tsd. Euro
Sachkosten ohne Miete	75,0	70,0	70,0	70,0	70,0	Tsd. Euro
Miete	40,0	40,0	40,0	42,0	42,0	Tsd. Euro
Zinsen	17,5	17,5	17,5	15,0	15,0	Tsd. Euro
AfA	25,0	25,0	25,0	25,0	15,0	Tsd. Euro
ggf. Pacht	0,0	0,0	0,0	0,0	0,0	Tsd. Euro
in Umsatz-%:						
Gesamtkostensatz vor AfA	19,83	19,46	19,19	18,41	17,80	%
Personalkosten	10,85	10,36	10,21	9,66	9,33	%
Sachkosten ohne Miete	5,08	5,00	4,93	4,83	4,67	%
Miete	2,71	2,86	2,82	2,90	2,80	%
Zinsen	1,19	1,25	1,23	1,03	1,00	%
AfA	1,69	1,79	1,76	1,72	1,00	%
ggf. Pacht (in Umsatz-%)	0,00	0,00	0,00	0,00	0,00	%
Gewinne / Einkommen:						
operativer Gewinn	120,5	98,5	89,6	95,5	108,0	Tsd. Euro
minus AfA	25,0	25,0	25,0	25,0	15,0	Tsd. Euro
minus Freibeträge, Vorsorgepauschale etc.	10,0	10,0	10,0	10,0	10,0	Tsd. Euro
= zu versteuerndes EK, ca.	85,5	63,5	54,6	60,5	83,0	Tsd. Euro
... Einkommensteuer inkl. Soli, ohne Kirchensteuer	23,8	14,5	10,5	12,4	20,6	Tsd. Euro
= Netto (1) vor Tilgungen, Vorsorge p.a.	96,7	84,0	79,1	83,1	87,4	Tsd. Euro
plus ggf. Zuschüsse, Kindergeld etc. p.a.	9,0	9,0	9,0	9,0	6,0	Tsd. Euro
minus Tilgungen, privat und betrieblich, p.a.	20,0	20,0	20,0	20,0	20,0	Tsd. Euro
minus private Kreditzinsen, p.a.	0,0	0,0	0,0	0,0	0,0	Tsd. Euro
minus eig. Vorsorge (Rente, Krankenk. ...), p.a.	15,0	15,0	15,0	15,0	15,0	Tsd. Euro
= Nettoeinkommen (2), frei verfügbar p.a.	70,7	58,0	53,1	57,1	58,4	Tsd. Euro
= ca. netto monatlich, in Euro	5.892	4.835	4.427	4.756	4.865	Euro

Quelle: Dr. Reinhard Herzog, Tübingen, 2003

Abb. 6: Business-Plan mittelfristig

1.1 »Sinnvolles« Controlling in Apotheken

Im Grunde ist es für jede Apotheke sinnvoll, Controlling zu betreiben. Die erfolgreichen Apotheken möchten ihre Effizienz möglichst noch steigern und optimieren, die Apotheken in wirtschaftlicher Notlage müssen möglichst schnell Zusammenhänge erkennen. In der Praxis zeigt sich, dass häufig der Inhaber, der mit den Controlling-Aufgaben alleine betraut ist, aus Zeitmangel nicht alle sinnvollen Maßnahmen umsetzen kann. Daher beantwortet sich die Frage nach der Sinnhaftigkeit nicht nach der Art der Apotheke, sondern vielmehr anhand des Zeitpensums, das dafür zur Verfügung steht. Erstrebenswert ist die Delegation der Controlling-Aufgaben, so dass der Inhaber letztendlich nur Konsequenzen abzuleiten braucht. In großen Konzernen berechnet das Management ebenfalls nicht die Kennzahlen selbst, sondern beschäftigt eine ganze Maschinerie, um alle relevanten Informationen effizient zu gewinnen, auszuwerten und zu analysieren. Daraus erst leitet das Management die Entscheidungen ab. Ähnlich sollte es auch in Apotheken funktionieren. In der Praxis kann häufig natürlich aus finanziellen Gründen kein eigener Controller beschäftigt werden; dass der Chef alles selbst macht, ist aber auch keine Lösung.

Wie soll also das Controlling in einer Apotheke aussehen? Sie werden später noch über den Aufbau und Implementierung lesen, hier sei jedoch schon einmal deutlich gesagt, dass Controlling vor allem als ein pro-aktives Steuerungsinstrument zu sehen ist und nicht als ein reines Kontrollwesen. In der Praxis erlebe ich überwiegend die Kontrolle von Monatswerten aus den vorliegenden betriebswirtschaftlichen Analysen (BWA), also den retrograden Blick auf die Kennzahlen. »To control« bedeutet jedoch nicht »kontrollieren«, sondern steuern! Natürlich sind Vergangenheitswerte wichtig, um Tendenzen abzuleiten und Maßnahmen für die Zukunft zu ergreifen. Sie sollten sich aber nicht nur darauf konzentrieren, sondern aktiv handeln und sich Ziele setzen, die Sie nach Ihrem besten Wissen und Gewissen verfolgen.

> **Eine kleine Geschichte zum sinnvollen, aber auch pro-aktiven Controlling**
>
> Ein wunderschönes Beispiel gibt uns die amerikanische Supermarktkette Wal-Mart. Diese Geschichte gilt als eine Legende im Zusammenhang mit Warenwirtschaftssystemen und brilliert als Beispiel für pro-aktives Controlling.
>
> Der amerikanische Supermarkt-Kunde reagiert beim Einkauf sehr viel sensibler auf das Vorhandensein von Waren in den Regalen als der europäische Verbraucher. Ist ein bestimmtes Produkt nicht auf Lager, kann es dort passieren, dass der Kunde beleidigt seinen Einkaufswagen im Supermarkt stehen lässt und den Laden verärgert verlässt. Daher ist es besonders vor dem Hintergrund wichtig zu wissen, wie viel Ware noch auf Lager ist. Die Warenwirtschaftssysteme bieten als Dienstleistung an, über Scanner zu erfassen, was geliefert ist, und an der

Kasse zu ermitteln, was den Laden wieder verlassen hat. Dazwischen ist eine Software geschaltet, die den Supermarktmanager darüber informiert, wie der aktuelle Lagerbestand ist und wann was nachbestellt werden muss (gerne vergleichbar mit den Kommissionierern in der Apotheke). Und so ergab es sich, dass Freitag am späten Nachmittag immer ein bestimmtes Produkt so gut wie »out of stock« war – also fast ausverkauft. Können Sie sich vorstellen, um welches Produkt es sich gehandelt haben könnte? Der Freitagnachmittag lässt Party- oder Grillwaren vermuten, aber nein... es waren Windeln! Das Wal-Mart-Controlling wollte nun nach Ursachen forschen und stellte Beobachter im Markt auf, die feststellen sollten, welche Zielgruppe diese Käufe tätigt. Es waren nicht Mütter mit Kinderwägen, sondern (vorwiegend junge) Männer (=Väter?). Und nun wurde eine Entscheidung getroffen, die zu enormen Mehreinnahmen (Umsatzsteigerung von ca. 27 %) geführt hat. Was würden Sie als Marktleiter an dieser Stelle machen? Die Lösung: Man verlegte six-packs Bier in die Windel-Abteilung! Ein sehr interessanter Anblick, zwischen Puderchen und Windelchen das Bier (und weitere Party-Artikel) stehen zu sehen. Und genau richtig, denn bekanntlich kauft der Mann (Jäger) anders als die Frau (Sammlerin) ein. Er hat wahrscheinlich als Anruf auf der Arbeit von zu Hause den Auftrag bekommen, noch Windeln (zur Sicherheit) fürs Wochenende mitzubringen, und dies tat er auch. Typisch ist dann, dass der Mann nur das kauft und dann gezielt zur Kasse geht. Oder haben Sie einen Mann schon mal beim Gemüse stöbern sehen? Nein, Scherz beiseite. Hier stehen viele verkaufspsychologische Studien dahinter, und es wäre nicht klug, nur mit Pauschalen zu hantieren. Dennoch hielt es das Management für wahrscheinlicher, dass der Mann unter den einen Arm die Windeln klemmt und unter den anderen das Bier und sich dann erst zur Kasse aufmacht. Eine Umsatzsteigerung in mehrfacher Millionenhöhe! Ist das nicht wundervoll?

In dieser Geschichte arbeitet sowohl das Controlling als auch das Produktmanagement gemeinsam. Der Controller war dafür zuständig, Ursachen zu finden und pro-aktiv Hinweise zu geben, und das Produktmanagement weiß, was der Mann fürs Wochenende braucht, und zusammen erzielten sie diese enorme Erfolgssteigerung.

Quelle: http://web.onetel.net.uk/~hibou/Beer%20and%20Nappies.html, 13.3.2013

Was können Sie hieraus für die Apotheke mitnehmen? Seien Sie wachsam und nehmen Sie sich zum Ziel, nicht immer nur zu reagieren, sondern auch mal mutig und aktiv Entscheidungen zu treffen. Die in diesem Buch vorgestellten Kennzahlen werden Ihnen helfen, Trends zu erkennen und werden Sie dazu in die Lage versetzen, effizienter zu arbeiten. Die Konzentration sollte stets zunächst der Gewinnerzielung gelten, gefolgt von Sicherung Ihrer Liquidität. Erst dann folgen alle weiteren Kennzahlen und Maßnahmen. Teilen Sie sich daher Ihre Zeitreserven mit dieser Gewichtung sinnvoll ein.

1.2 Controlling unter verschiedenen Blickwinkeln

Blickwinkel: Sie sind mit Ihrer Apotheke eine Art Multi-Unternehmer und beschäftigen einen oder mehrere Controller/ kaufmännischen Leiter

Ja, go for it! Legen Sie zu Beginn zusammen fest, welche Kennzahlen und Auswertungen Sie wann sehen möchten, und nur in Ausnahmefällen sollten Sie zur Intervention angesprochen werden (management by exception). Achten Sie darauf, dass die Berichtsabstände lang genug sind. Auch hier ist das persönliche Empfinden zu der Zahlenmenge wichtig und nicht pauschal handzuhaben. Daher ist die Erstarbeit zur Eingrenzung der Inhalte, Menge und Berichtszeiträume immer individuell von Standort zu Standort unterschiedlich. Ist es dann soweit, so soll Ihr Controller die Zahlen in einer Art »Management Summary« zusammenstellen, so dass Sie auf einer DinA4-Seite den gesamten Überblick haben. Auf nachfolgenden Seiten sollen die Hintergrundinformationen zur Verfügung stehen, aber dennoch sollte das Wesentliche so aggregiert sein, dass Sie nicht ständig nachblättern müssen.

Abb. 7: Beispiel für eine Management Summary

Die Inhalte einer Management Summary hat der Entscheider festzulegen. Die hier zusammengestellten Informationen sind beispielhaft zusammengestellt. Wegen der unterschiedlichen Lagen und Ausrichtungen von Apotheken ist eine pauschale Empfehlung nicht ratsam. Hier ein Auszug der denkbaren Informationen, die als Zusammenfassung in einer Management Summary stehen sollten:

- Stammdaten (Standort, Datum),

- Wetter (sinnvoll mit Vorjahresvergleich),

- Umsatzerlöse non-Rx (netto),

- Rohertrag non-Rx,

- Anzahl Packungen Rx (GKV/PKV),

- Kundenzahl,

- Anzahl Notdienste,

- Neukunden,

- Handelsspanne,

- Gewinn (Betriebsergebnis) pro Kunde,

- Personalkosten je Packung bzw. in % vom Rohertrag,

- Gesamtkosten je Packung bzw. in % vom Rohertrag,

- Betriebsergebnis (reine Apothekentätigkeit ohne sonstige Effekte),

- Unternehmensergebnis (nach Steuern, nach kalkulatorischem Unternehmerlohn),

- Lagerwert,

- Lagerumschlag,

- Durchschnittlicher Stücknutzen,

- Sonderinformationen/besondere Ereignisse,

- Personaleinsatz /-kosten.

Die meisten Werte können sowohl als Zahl als auch als Grafik angegeben werden. Auch hier gibt der Entscheider den Wunsch vor.

Blickwinkel: Sie sind Manager und Controller in Personalunion

Wenn Sie alles in einer Person sind, stellt sich die Frage, wie viel Zeit Ihnen für Controlling-Aufgaben zur Verfügung steht. Definieren Sie Prioritäten innerhalb Ihres Tagesablaufs und Ihrer Tätigkeiten als Manager des Unternehmens Apotheke. Die Kunst liegt darin, aus der Menge an möglichen Informationen nur das Wichtigste herauszufiltern und nicht zu viele Kennzahlen zu berechnen. Das Umsetzen von Maßnahmen muss nämlich auch sichergestellt sein! Es empfiehlt sich vor allem die regelmäßige Betrachtung der Umsatzstruktur/Kundendaten und der Kostenblöcke. Wenn Sie keine großen Schwankungen in der Personalstruktur haben, reicht eine halbjährige Betrachtung aus und die Umsatz- und Kundenbetrachtung einmal im Quartal.

Blickwinkel: Sie sind Filialleiter/Stellvertreter und dürfen Controlling-Tätigkeiten durchführen

Hier stellt sich die Frage, inwieweit Sie Einblick in die monatliche betriebswirtschaftliche Auswertung haben und – wie auch schon im Falle des Inhabers – wie viel Zeit Ihnen für Controlling zur Verfügung steht. Wählen Sie zwischen den ersten beiden Perspektiven und stellen Sie darüber hinaus sicher, dass die Verteilung von Kosten und des kalkulatorischen Unternehmerlohns nachvollziehbar und plausibel für Sie ist. Falls Kosten nicht nach tatsächlichem Aufwand auf Filialen umgelegt sind oder mittels eines falschen Verteilungsschlüssels, so ergibt eine Controlling-Tätigkeit hier nur bedingt Sinn.

Blickwinkel: Sie sind Steuerberater und möchten Ihre Mandanten besser unterstützen

Als Steuerberater erfüllen Sie bereits eine sehr wichtige Funktion und bieten in der Regel dem Inhaber monatliche Erfolgsübersichten in Form der Betriebswirtschaftlichen Auswertung (BWA) bzw. dem Internen Betriebsvergleich (IBV) an. Es ist die Frage, ob das bereits als »Controlling« zu verstehen ist oder nur als Ergebnis der monatlichen Buchhaltung. Ich empfehle, Controlling und Buchhaltung zu trennen. So sollten sich in der BWA/IBV keine Kennzahlen befinden. Kennzahlen gehören ins Controlling. Die gebildeten Zwischensummen innerhalb der BWA/IBV sind das Höchstmaß an Controlling-Tätigkeit, die dort sinnvoll ist. Befinden sich zu viele weitere Kennzahlen in der monatlichen Erfolgsdarstellung, bindet es zu viel Zeit des Inhabers, diese zu sichten und auszuwerten bzw. Konsequenzen abzuleiten. Daher sollten Kennzahlen nur zu ausgewählten Zeitpunkten betrachtet werden und nur im Zuge des Controllings.

Werden Sie dennoch vom Inhaber aufgefordert, Controlling-Aufgaben zu übernehmen, so besprechen Sie mit Ihrem Mandanten, welche Kennzahlen er wie häufig zu besprechen wünscht und erstellen dann den Report. Meiner Erfahrung nach führt es jedoch nicht zum gewünschten Effekt der Erfolgssteigerung, wenn der Inhaber und Verantwortliche diese Steuerungsfunktionen aus der Apotheke herausgibt (Outsourcing). Ich kann mir auch nicht vorstellen, dass z. B. die Deutsche Telekom AG das Controlling an McKinsey vergibt. Man lässt sich sicherlich helfen und beraten, vergibt es aber nicht fremd. Auch wenn der Apotheker nicht über genügend Kapazitäten verfügen sollte, gehören die Steuerungsaufgaben nicht extern vergeben. Als Steuerberater haben Sie in der Regel zu wenig Einblick in die operativen Geschicke der Apotheke, in die Motivation der Mitarbeiter oder in bestimmtes Kundenverhalten. Das kann nur vor Ort gesteuert werden. Die Übersicht einiger Kennzahlen in der BWA oder als gesonderter Report ist denkbar, jedoch nicht das gesamte Controlling.

Ich halte die Führung eines Liquiditätsplans für die Apotheke für eine sehr wichtige Unterstützung des Inhabers. Als Steuerberater können Sie die Zahlungsziele über die Rechnungsbelege und Verträge überblicken und die meisten Fixkosten der Apotheke sowie die privaten Zahlungsverpflichtungen des Inhabers sind gut planbar hinsichtlich des Liquiditätsbedarfs. Hier sehe ich den größten Bedarf in der Praxis und als Steuerberater werden Sie mit einem gut funktionierenden Liquiditätsplan eine unverzichtbare Stütze des Apothekers.

Blickwinkel: Sie sind Angestellte/r (PKA/PTA) und sollen den Chef besser unterstützen

Da immer mehr Inhaber die eigentlichen PKA-Aufgaben auf ihre PTAs übertragen, soll hier nicht das Berufsbild der entscheidende Blickwinkel sein, sondern die Tatsache, dass sie wertvolle Mitarbeiter sind. Dann ist die Vorgehensweise ähnlich der eines Filialleiters/Stellvertreters. Erfahrungsgemäß werden jedoch vertrauensvolle Angaben zum Gewinn der Apotheke oder zum Liquiditätsstatus nicht an Mitarbeiter kommuniziert und somit wird ihre Möglichkeit zum Ausüben von Controllingtätigkeiten enorm eingeschränkt. Es wird sich dann auf bestimmte Berechnungen und Produktivitätskennzahlen (Key Performance Indicators) konzentrieren, die Sie als Mitarbeiter einsehen und messen können, wie z. B. Lagerumschlag oder durchschnittlicher Zeitaufwand je Kunde.

Zur Messung und Steuerung von Kennzahlen ist ein gewisses betriebswirtschaftliches Grundverständnis notwendig. Leider werden an den meisten Berufsschulen zu wenig solcher Kenntnisse vermittelt, und so müsste erst der Inhaber die Aufgabe übernehmen, Mitarbeiter zu coachen oder schulen zu lassen. Erst dann kann von Mitarbeitern erwartet werden, dass sie Controllingtätigkeiten übernehmen.

Blickwinkel: Sie nehmen keine der zuvor genannten Perspektiven ein

Oft besuchen Partner (Ehepartner, Freunde) von Apothekern betriebswirtschaftliche Seminare, weil sie gerne unterstützend tätig sein möchten. Auch hier stellt sich die Frage nach betriebswirtschaftlichen Kenntnissen. Grundsätzlich ist jede Unterstützung zu begrüßen und so gilt auch hier: Sprechen Sie die Wünsche und den Bedarf an Kennzahlen mit dem Apotheker ab und stellen Sie dann die gewünschten Kennzahlen zusammen. Es bleibt in diesem Fall eher beim mathematischen Berechnen, denn die Steuerung sollte stets aus der Apotheke heraus passieren, ähnlich wie bei der Steuerberater-Perspektive.

2. Controlling in Apotheken

Die Steuerung des Apothekenerfolgs kann sich auf das Hier und Jetzt beziehen, sollte aber vor allem auch auf Zielerreichung ausgerichtet sein. Die Definition von Zielen und Visionen wird über das strategische Controlling bedient; das Arbeiten in der Gegenwart über das operative Controlling.

2.1 Strategisches Controlling

Das strategische Controlling dient zur Standortsicherung und Nachhaltigkeit der Apotheke. Daher finden die Maßnahmen eher vor Gründung oder Übernahmen im Zuge des Business-Plans statt. Bei einer bestehenden Apotheke gilt sicherzustellen, dass es überhaupt langfristige Pläne gibt, wie z. B. einen Drei-Jahres-Plan (Rolling Forecast). Nutzen Sie hierzu die oben genannte SWOT-Analyse, um Ihre Gedanken zu ordnen. Aus dem Bereich »Weaknesses« (Schwächen) und »Threads« (Risiken) hat die Apothekenleitung konkrete Maßnahmen abzuleiten. Schwächen sollen beseitigt werden und die Apotheke ist so gut wie möglich gegen drohende Gefahren zu schützen. Das Controlling überwacht die Einhaltung und empfiehlt weitere Schritte.

Wenn die strategischen Ziele stehen und sich im Laufe des Jahres keine gravierenden Änderungen ergeben, reicht eine halbjährige Überprüfung aus. Die Überprüfung findet nach einem Soll-Ist-Abgleich-Prinzip statt: Was wurde geplant und angenommen und wie ist der aktuelle Status? Entspricht der aktuelle Status der Planung, so kann im gleichen Abstand erneut geprüft werden. Gibt es eine Abweichung, so wird nach Ursachen und Hintergründen gesucht und je nach Plausibilität der Lösung würden Sie den erneuten Überprüfungszeitraum festlegen.

Beispiel: Einschätzung eines Risikos

Im Zuge der Planung wird als Risiko festgelegt, dass ein angesiedelter Arzt möglicherweise in naher Zukunft seine Praxis schließt und keinen Nachfolger hat.
Das wäre als Risiko in der SWOT-Analyse (vgl. Abb. 3) festzuhalten.

Zum Zeitpunkt der Überprüfung können folgende Ergebnisse ermittelt werden:

1. Der Arzt ist noch da und es gibt keine Anzeichen für eine Schließung. In diesem Fall können Sie den erneuten Überprüfungszeitraum für ein weiteres Quartal festlegen.

2. Der Arzt ist noch da und ein Nachfolger wird bereits eingearbeitet. In diesem Fall können Sie den erneuten Überprüfungszeitraum für ein weiteres Quartal festlegen.

3. Der Arzt ist zwar da, aber es gibt Anzeichen für eine Schließung. In diesem Fall sollten Sie den erneuten Überprüfungszeitraum verkürzen und monatlich oder alle zwei Monate den Status überprüfen.

Vielleicht fragen Sie sich an dieser Stelle, warum Sie diesen Aufwand betreiben sollten, wenn Sie gegen die Schließung nichts unternehmen können. Richtig, wahrscheinlich können Sie gegen die eigentliche Praxisschließung nichts ausrichten, jedoch wird voraussichtlich Ihr Rx-Umsatz fallen, wenn die Rezepte des Arztes fehlen. Das wirkt sich einerseits auf Ihren Warenbedarf als auch auf Ihren Personaleinsatz aus. Je nach Stärke des Umsatzeinbruchs können Sie nicht warten, bis es so weit ist, sondern müssen vorausschauend über z. B. einen flexiblen Personaleinsatz aktiv werden.

Auf weitere strategische Controllinginstrumente wird in diesem Buch nicht mehr eingegangen, da sie für Apotheken zu irrelevant sind. Entscheidend ist die Zielfindung und das Festhalten und Visualisieren der Ziele. In der Industrie verwendet man noch z. B. Portfolio-Analysen oder Produkt-Lebenszyklus-Kurven. Im Apothekenbereich liegt der Fokus jedoch auf der operativen Steuerung. Das eigentliche Planen von Strategien und Zieledefinieren ist eine reine Managementleistung, die als Basis für Controlling dient.

2.2 Operatives Controlling

Operatives Controlling beruht hauptsächlich auf den Kennzahlen, die in Kapitel 3 beschrieben werden. Es gilt, kurzfristig auf Veränderungen zu reagieren und möglichst schnell eine Verbesserung herbeizuführen. Bezüglich der oben genannten SWOT-Analyse bleiben zwei Bereiche noch offen, Strengths (Stärken) und Weaknesses (Schwächen). Ersteres ist primär im Zuge des »Ausschmückens der Braut« notwendig, wenn es z. B. darum geht, einen Kredit bei der Bank zu bekommen. In der Regel werden es aber die Schwächen sein, die Sie beseitigen oder abmildern möchten. Wie häufig sind hier Soll-Ist-Abgleiche sinnvoll? Auch hier hängt es von der Schwere der Mängel ab.

Beispiel: Im Zuge der Kunden-Analyse stellen Sie fest, dass Sie keine Jugendlichen als Kunden haben. Das wäre als Schwäche in der SWOT-Analyse (vgl. Abb. 3) festzuhalten.

Ergreifen Sie als Folge Marketingmaßnahmen, so können Sie nicht davon ausgehen, dass diese bereits im Folgemonat vollen Erfolg zeigen. So ist eine Überprüfung im Abstand von einem Quartal sehr viel sinnvoller als monatlich.

Was »sinnvoll« ist und was nicht, wird sicherlich jeder Betrachter anders beurteilen. Grundsätzlich lässt sich jedoch sagen, dass Ihnen die Ursachenforschung bei den oben genannten Beispielen sehr viel mehr Mühe macht, als wenn sich einfach elektronisch irgendwelche Kennzahlen automatisch berechnen. Daher sollten Sie stets den Nutzen und Aufwand miteinander in Einklang bringen. Als Führungskraft und Inhaber haben Sie unzählige weitere Aufgaben. Sind Sie jedoch als kaufmännischer Leiter mit diesen Aufgaben betraut, werden Sie die Überprüfungsintervalle verkürzen.

Weitere sinnvolle operative Controllinginstrumente neben allen Kennzahlen sind z. B. die ABC-Analyse, die Deckungsbeitragsrechnung oder Ansätze der Investitionsrechnung (Dynamische Amortisation).

ABC-Analyse

Die ABC-Analyse lässt sich aus verschiedenen Perspektiven heraus in der Apotheke implementieren. Einerseits bezüglich der Artikel und Dienstleistungen, die Sie verkaufen, der Kundenstruktur und andererseits bezüglich der Aufgaben und Prozesse. Die Ergebnisse, die Sie ableiten, sagen aus, welches die wichtigsten Aspekte für Sie sind (= A-Artikel/-Kunden/-Prozesse), welche ebenfalls sehr häufig anfallen und das Mittelfeld bilden, jedoch weniger zur Gewinnerzielung beitragen (= B-Artikel/-Kunden/-Prozesse), und welche Artikel und Prozesse die breite Masse ausmachen, aber bezüglich des Gewinns von kleinster Bedeutung sind (= C-Artikel/-Kunden/-Prozesse). Als Konsequenzen sollten Sie Ihr Augenmerk am stärksten auf die A-Komponenten ausrichten und umgekehrt am wenigsten Aufwand für die C-Komponenten aufbringen.

Es stellt sich auch hier die Frage, wie sinnvoll dieses Instrument in der Apotheke ist. Im Rx-Bereich ist die Gewinnaussicht gesetzlich definiert, und es wäre nicht ratsam, hier eine entsprechende Sortimentskonsequenz abzuleiten. Ein hochpreisiges Arzneimittel würde sehr hohen Anteil am Umsatz ausmachen, bedeutet aber andererseits eine hohe Liquiditätsbelastung, wenn Sie es vorfinanzieren müssen. Aus Sicht der ABC-Analyse wäre dies nun aber für Sie ein sehr wichtiges Arzneimittel, so dass Sie sich in Ihrem gesamten Streben stets um solche Artikel bemühen müssten. Richtet sich die ABC-Analyse auf die Gewinnerzielung, so würden Sie besonders die günstigen Arzneimittel bevorzugen, denn durch die Zuschläge 3 % auf den Apothekeneinkaufspreis der Ware und 8,35 € Fixzuschlag* pro Packung fallen hier die Gewinne verhältnismäßig höher aus. Das entspricht nicht der Apothekenpraxis oder möchten Sie erst auf das Rezept schauen und die Kunden wieder wegschicken, wenn es sich um ein hochpreisiges Arzneimittel handelt? Bei den Artikeln und Dienstleistungen können Sie also nur auf den Non-Rx-Bereich ausweichen – und wenn – dann nur hier eine ABC-Analyse durchführen. Doch wie sinnvoll ist hier die Clusterung?

Bei der Vielzahl an Artikeln erzielen Sie Ergebnisse, die Ihnen einen zu geringen Nutzen geben. Zudem muss immer die Attraktivität für Kunden Ihrer Apotheke Priorität haben. Es ist möglich, dass Sie analysieren, dass Original-Präparate für Sie den höchsten Stücknutzen haben. Folglich sollten Sie mit Ihrem Streben stets darauf bedacht sein, hauptsächlich diese Artikel zu präsentieren und dem Kunden zu verkaufen. Welche Konsequenz hat das aber eventuell für Sie? Schon kurz- und mittelfristig wird, selbst bei einer im Apothekensegment niedrigen Preisintransparenz, der Kunde hinterfragen, warum er bei Ihnen stets die teuerste Alternative angeboten bekommt und sich darüber ärgern. Es ist daher geboten, die Sortimentspolitik eher von Kundenbelangen leiten zu lassen als von einer ABC-Analyse. Ein cleveres Category-Management erfüllt beispielsweise diese Aufgabe. Einerseits erhalten Sie die Information, welche Regalfläche die wirtschaftlich attraktive ist, und andererseits, welche Artikel dort positioniert werden sollten. Sie könnten natürlich selbst berechnen, mit welchen Artikeln Sie den höchsten Rohertrag (Stücknutzen) erwirtschaften und als A-Artikel auf die Regalfläche stellen, die vom Kunden am ehesten wahrgenommen wird und somit die höchste Verkaufschance hat. Dennoch wird Ihnen die Information fehlen, ob dieser Artikel auch für den Kunden attraktiv ist. Der Rohertrag hängt von Ihrer Kalkulation ab, und wenn Sie z. B. einen Artikel mit einem enormen Aufschlag versehen, wird er zum A-Artikel, aber wird er dann auch vom Kunden als attraktiv wahrgenommen?

Ein weiterer Gedanke zur ABC-Analyse bei Arzneimitteln geht Richtung der Handlingkosten. Bitte betrachten Sie, wie viel das Rx-Sortiment an Packungen ausmacht

---

* Seit 1.8.2013 wurde nach dem Apothekennotdienstsicherungsgesetz (ANSG) der Fixzuschlag um 16 Cent erhöht, die wiederum anschließend an den Notdienstfonds abgeführt werden. Bitte beachten Sie stets die aktuellen gesetzlichen Änderungen.

und welcher Wareneinkaufswert dahinter steht. So werden Sie feststellen, dass es (je nach Standort) knapp die Hälfte aller Packungen ausmacht, jedoch finanziell den weitaus größten Teil zum Umsatz beiträgt (mehr als 75 %). Von der Kategorisierung wären also diese Arzneimittel als A-Artikel eingestuft, jedoch im Vergleich zu den Handlingkosten als zu wichtig kategorisiert. Denn es sind eher die rezeptfreien Artikel in Ihrer Frei- und Sichtwahl, von denen Sie an Packungen mehr haben und oft aber so günstig verkaufen, dass sie von der Gewinnspanne her an Bedeutung verlieren. Hier stellt sich also wieder die Frage nach dem Sinn dieses Controlling-Instruments. Die Kennzahl allein ist hier nicht ausreichend. Nur in Kombination mit anderen Instrumenten (hier Category Management) können Sie sinnvolle Erkenntnisse zur Apothekensteuerung gewinnen. Die rein mathematische Betrachtung ist nicht ausreichend.

Die ABC-Analyse innerhalb Ihrer Kundschaft könnte zum Ergebnis bringen, dass die A-Kunden die Artikel gekauft haben, die Ihnen den höchsten Gewinn gebracht haben und es somit Ihre wichtigsten Kunden sind. Als Ableitung definieren Sie Maßnahmen, welche Aufmerksamkeit Sie den jeweiligen Kundengruppen angedeihen lassen wollen. A-Kunden werden mit z. B. hochwertigen Geschenken bedacht, während C-Kunden gerne die Kalender bekommen. Hierbei geht es nicht darum, Menschen unterschiedlich zu behandeln, sondern ein besonderes Dankeschön an die auszusprechen, die es auch möglicherweise erwarten, da sie viel Geld in Ihrer Apotheke lassen.

Fazit: Die ABC-Analyse ist nur in ausgewählten Situationen sinnvoll und nur als ein Instrument, das unter Berücksichtigung aller Rahmenbedingungen eingesetzt wird.

Deckungsbeitragsrechnung (DBR)

Die Deckungsbeitragsrechnung innerhalb des operativen Controllings ist ein Instrument der Kostenträgerrechnung und beruht auf der Idee, Ergebnisse (Gewinn) pro einzelne Einheiten zu ermitteln. Vergleichbar ist dieses Instrument mit der Gewinn- und Verlustrechnung (GuV). Während die GuV aber für das gesamte Unternehmen (Apotheke oder Filiale) berechnet wird, wird die DBR pro Produkt, -gruppe, Dienstleistung oder z. B. pro Mitarbeiter dargestellt. In Form einer Mischkalkulation können so eventuelle Kostenunterdeckungen ausgeglichen werden. Der Deckungsbeitrag ergibt sich, indem alle variablen Kosten (Einzelkosten, die dem Produkt direkt zuzuordnen sind) vom Umsatz abgezogen werden; vergleichbar mit dem Rohertrag in der gesamten Apotheke. Diese Zwischensumme sollte die fixen Kosten der Apotheke decken können. Hierbei bedient man sich verschiedener Berechnungsstufen. Das Ergebnis sagt aus: Je höher der Deckungsbeitrag, desto höher ist die Deckung der Gesamtkosten und desto größer ist der Gewinn.

Ergibt sich ein positiver Deckungsbeitrag, so spricht man von »Überschuss« (= Gewinn); er steht zur Deckung weiterer Betriebskosten der Apotheke zur Verfügung. Ein negativer Deckungsbeitrag bedeutet, dass die Fixkosten teilweise nicht oder sogar überhaupt nicht gedeckt werden. Sinnvoll sind solche Überlegungen nur, wenn aktive Preiskalkulation betrieben wird und der frei kalkulierbare Umsatzanteil mindestens 30 bis 40 % beträgt, damit sich der Aufwand im Verhältnis zum Nutzen lohnt.

Konsequenz bei negativem DB:

∎ Sortimentsbereinigung von Warengruppen/Dienstleistungen,

∎ Kostenausgleich durch andere Warengruppen/Dienstleistungen mit einem positivem Deckungsbeitrag (Mischkalkulation).

Innerhalb der Deckungsbeitragsrechnung wird zwischen der ein- und der mehrstufigen Methode unterschieden. Bei der einstufigen Deckungsbeitragsrechnung werden die Fixkosten nicht explizit aufgeschlüsselt, sondern gebündelt vom Rohertrag abgezogen. Dies ist nur bei Ein-Produkt-Unternehmungen sinnvoll und findet in der Apotheke keine Anwendung.

Vorübergehend kann die Apotheke eine Strategie mit ausgewählten Produkten verfolgen, die nur die variablen Kosten deckt (Rohertrag = Null). Dies ist denkbar bei Absatzschwierigkeiten, bei der Einführung neuer Produkte, Lockvogelangeboten etc. Dies kann aber kein angestrebtes Ziel sein. Die Kunden erwarten auch in Zukunft niedrige Preise und die Konkurrenz treibt einen Preiskrieg an. Eine Spirale, aus der Sie schwer wieder herauskommen, deshalb kann das an dieser Stelle keine Empfehlung sein.

Bei der mehrstufigen Deckungsbeitragsrechnung werden sowohl variable als auch fixe Kosten berücksichtigt. Fixkosten werden nicht als Ganzes betrachtet, sondern z. B. mit Hilfe von Bezugsgrößen auf einzelne Segmente, Bereiche, Mitarbeiter oder Kunden aufgeteilt. Dabei stellt sich jeweils die Frage, wie viel der Kosten sich jeweils den einzelnen Bereichen zuordnen lassen.

Denkbar ist die DBR zur Messung des Erfolgs einzelner MA bei mehreren Standorten:

Deckungsbeitragsrechnung für Mitarbeiter

∎ Welchen Umsatz hat der Mitarbeiter generiert?

∎ (–) Welche Kosten hat der Mitarbeiter unmittelbar verursacht (Gehalt und weitere direkte Kosten für z. B. Schulung, Prämien oder Firmenwagen)

∎ = Deckungsbeitrag 1 Mitarbeiter

■ (–) Umlegen der Betriebskosten des Standorts (nach Köpfen oder analog zum Umsatz/Rohertrag)

■ = Deckungsbeitrag 2 Mitarbeiter

■ (–) Umlegen der Betriebskosten, die für alle Standorte anfallen, z. B. Versicherungen (nach Köpfen oder analog zum Umsatz/Rohertrag)

■ = Deckungsbeitrag 3 Mitarbeiter

■ (–) Umlegen des kalkulatorischen Unternehmerlohns (nach Köpfen oder analog zum Umsatz/Rohertrag oder nach messbarem Arbeitseinsatz)

■ Ergebnis Mitarbeiter

Sie erkennen schon, dass es passieren kann, dass ein Mitarbeiter, der im Handverkauf beschäftigt ist, schwach im Zusatzverkauf ist und im Laufe des Jahres weniger Umsatz generiert, als er selbst Gehalt bekommt. Der DB 1 ist dann schon negativ und alle weiteren Kosten sind erst recht noch nicht gedeckt. Welche Konsequenz würden Sie dann ableiten? Wenn dieser Mitarbeiter schwach in der Vertriebsleistung ist, werden Sie das auch ohne eine Deckungsbeitragsrechnung erkannt haben und entsprechend handeln. Interessant wird es, wenn Sie aber dieses System an eine Zielvereinbarung koppeln. Je mehr Ihr Mitarbeiter zur Deckung von Fixkosten beiträgt, umso höher die Prämie. Dies ist durchaus ein denkbarer Ansatz im Zusammenhang mit der Deckungsbeitragsrechnung für Mitarbeiter.

Weiteres Beispiel für den Einsatz der DBR:

Deckungsbeitragsrechnung für die Warengruppe Kosmetika »Beauty«
Durchschnittlicher Umsatz (Kosmetika »Beauty«)
– Variable Kosten (Wareneinsatz »Beauty«)

= **DB 1 (Rohertrag)**
– Fixe Kosten I:
Personalkosten der Mitarbeiter Kosmetika »Beauty« (anteilig)
Zinsen auf Lagerbestand (falls gegeben)
Werbung (speziell Kosmetika »Beauty«)
Raumkosten (anteilig, analog zur Regalfläche oder analog zum Rohertrag)
Sonstige Betriebskosten (falls direkt zuordenbar)

= **DB 2**
– Fixe Kosten II:
Personalkosten der restlichen Mitarbeiter (falls nicht zu anderen Warengruppen zugeordnet)
Restliche Lager-Zinsen (falls gegeben und nicht zu anderen WG zugeordnet)

Werbung (allgemeiner Art; anteilig analog zum Rohertrag)
Restliche Raumkosten (falls nicht zu anderen WG zugeordnet)
Restliche sonstige Betriebskosten (anteilig analog zum Rohertrag)
Abschreibungen
Restliche Zinsen
Restliche Apothekenkosten (nicht zuordenbar)
Filialleitung (falls gegeben)

= **DB 3**
– Fixe Kosten III:
Kalkulatorischer Unternehmerlohn (anteilig analog zum Rohertrag)

= **Ergebnis (vor Steuer)**
Nach und nach können Sie diese Warengruppe detaillierter bis zu einem einzigen Artikel aufschlüsseln.

Datenpflege machen Sie z. B. mit Excel®. Damit Sie möglichst nur einmalig solche Tabellen anlegen, empfiehlt es sich, so genannte Stammdaten-Tabellen anzulegen und separat die Tabelle (DBR) mit nur noch hinterlegten Formeln. Ändern sich Gegebenheiten, so geben Sie es nur noch in der Stammdaten-Tabelle ein, und der Deckungsbeitrag berechnet sich automatisch neu.

Zur Stammdatenpflege greifen Sie auf Ihre BWA zurück, wie auch auf die Auswertungen der Rechenzentren und Einkaufskonditionen. Entscheidend ist die möglichst genaue Zuordnung von Umsätzen und Kosten zu Produkten und Produktgruppen. Bei der Vielzahl an Artikeln kann man sich erst grob annähern und später immer detaillierter die Daten erheben.

Notwendige Informationen:

■ Unterteilung der Warengruppen in Prozent vom Umsatz. Wenn Sie sich zunächst grob nähern wollen, so betrachten Sie Kosmetika als Ganzes und trennen später nach Untersegmenten, wie z. B. dekorativer Kosmetik, bis hin zu einzelnen Produkten. Erfasst wird der Nettoumsatz (ohne MwSt.), der mit Kosmetika generiert wird.

■ Wareneinsatz für Kosmetika. Ermitteln Sie, wie viel Sie effektiv für die Waren bezahlt haben (netto-netto-EK, das heißt ohne MwSt. und nach Abzug aller Preissenkungen).

■ Personalkosten sollten so genau wie möglich zugeordnet werden. Hierbei ist im Vorfeld eine Einteilung der Personalkosten pro Minute und pro Person notwendig. Stellen Sie sicher, dass in Ihren Personalkosten nicht nur Bruttogehalt und Sozialabgaben erfasst sind, sondern auch alle Personallohnnebenkosten, wie z. B. Schulungen, Prämien, Lohnfortzahlung etc. Stellen Sie die Frage: Wer bestellt, betreut

Grafik zeigt die Umsetzung einer DBR in Excel®
Anlegen von Stammdaten:

Berechnung DB:

Deckungsbeitragsrechnung nach Warengruppen	Kosmetika	Vitamine	Aromen	Tee	etc.
Umsatzerlöse (netto)	240.000,00 €	40.000,00 €	12.000,00 €	8.000,00 €	
- Variable Kosten:					
Wareneinsatz	112.500,00 €	18.750,00 €	5.625,00 €	3.750,00 €	
Spezielle Personalkosten direkt	1.000,00 €				
= Rohertrag (DB 1)	126.500,00 €	21.250,00 €	6.375,00 €	4.250,00 €	
Gewichtung Rohertrag in % (Gesamtrohertrag 100 %)	25,3	4,25	1,275	0,85	
- Fixe Kosten I:					
Personalkosten der Mitarbeiter Kosmetika (anteilig)	31.200,00 €	4.160,00 €	1.040,00 €	936,00 €	
Zinsen auf Lagerbestand (falls gegeben)					
Werbung (speziell Kosmetika)	900,00 €				
Raumkosten (anteilig)	2.400,00 €	42,00 €	42,00 €	60,00 €	
Sonstige Betriebskosten (falls direkt zuordenbar)					
= DB 2	92.000,00 €	17.048,00 €	5.293,00 €	3.254,00 €	
- Fixe Kosten II: Gewichtung analog zum Rohertrag					
Personalkosten der restlichen Mitarbeiter	56.333,99 €	9.463,22 €	2.838,97 €	1.892,64 €	
Restliche Lager-Zinsen					
Werbung (allgemeiner Art)	14.952,30 €	2.511,75 €	753,53 €	502,35 €	
Restliche Raumkosten	9.476,37 €	1.591,88 €	477,56 €	318,38 €	
Restliche sonstige Betriebskosten	15.180,00 €	2.550,00 €	765,00 €	510,00 €	
Abschreibungen	5.060,00 €	850,00 €	255,00 €	170,00 €	
Restliche Zinsen	3.289,00 €	552,50 €	165,75 €	110,50 €	
Filialleitung (falls gegeben)					
= DB 3	- 12.291,66 €	- 471,35 €	37,19 €	- 249,87 €	
Summe DB 3 in Euro		-12.975,69			
- Fixe Kosten III:					
Kalkulatorischer Unternehmerlohn in Euro		80.000,00			
anteilig zum Rohertrag	20.240,00 €	3.400,00 €	1.020,00 €	680,00 €	
= Ergebnis (vor Steuer) (EBT)	- 32.531,66 €	- 3.871,35 €	- 982,81 €	929,87 €	

Abb. 8: Deckungsbeitragsrechnung

und verkauft Kosmetika und wie lange dauern diese Prozesse? Addieren Sie die jeweiligen Kostenblöcke, und ordnen Sie diese zu Personalkosten Kosmetika zu.

■ Kosten, die Sie den einzelnen Warengruppen nicht direkt zuordnen können, sollten anteilig umgelegt werden. Dazu bilden Sie ein Verhältnis zum Rohertrag. Warengruppen mit einem »starken« Rohertrag müssen im Verhältnis mehr der Kosten tragen können als schwache Segmente.

▪ Kalkulieren Sie bis zum Unternehmensergebnis, also inklusive kalkulatorischem Unternehmerlohn. Hierbei ist zu beachten, wie viel einer Warengruppe überhaupt zugeordnet werden kann. Bei einer Hauptapotheke können Sie wie schon oben analog zum Rohertrag arbeiten. Bei mehreren Standorten sollte der Unternehmerlohn über alle Standorte hinweg umgelegt werden (analog zum Rohertrag oder tatsächlichem Arbeitseinsatz).

Diese Instrumente erlauben Ihnen eine möglichst leichte Berechnung von Änderungen. Bei einer geplanten Preiserhöhung können Sie den Umsatz entsprechend erhöhen und gleich das Ergebnis beurteilen. Auch eine Veränderung innerhalb Ihres Kostenblocks kann später leicht eingearbeitet werden, so dass die Veränderung im Ergebnis sofort sichtbar ist. Dies setzt natürlich auch entsprechendes Arbeiten in Excel® voraus (Anlegen von *Formeln* in den Zellen).

Erneut muss hier wieder die Attraktivität für den Kunden und nicht alleine das wirtschaftliche Ergebnis betrachtet werden. Prinzipiell sollten Warengruppen, die nicht kostendeckend sind, aus dem Sortiment genommen werden. Prüfen Sie dabei aber so genannte Verbundeffekte. Es kann sein, dass zwar ein Produkt besonders preisgünstig angeboten wird (= keine Kostendeckung), das aber regelmäßig zu weiteren Einkäufen Anlass gibt, sodass insgesamt eine Kostendeckung erreicht wird. Aus dem Mobilfunkgeschäft kennen Sie die Telefone für 1 €, die aber nur mit einem 2-Jahres-Providervertrag verkauft werden.

Fazit: Operatives und strategisches Controlling sind nicht voneinander zu trennen, sondern sind als ein Zusammenspiel zu betrachten. Je klarer Strategien und Ziele vorgegeben sind, umso genauer kann operativ gearbeitet werden.

2.3 Konsequenzen ableiten

Das Ableiten von Konsequenzen liegt wieder eher beim Management statt im Controlling. Der Controller würde jetzt die Informationen zur Entscheidungsfindung bündeln und managementgerecht aufbereiten. Eine solche Aufbereitung wird Management Summary genannt, wie schon zu Beginn des Kapitels gezeigt. Hier soll das Wesentliche auf einer Seite zusammengefasst sein und dann möglichst auch nur in Form von Grafiken und Übersichten. Es ist also die Frage, aus welchem Blickwinkel heraus Sie Controlling in der Apotheke betreiben. Sind Sie gleichzeitig der Inhaber und Entscheider, so würden Sie natürlich in einem fließenden Übergang zur Ableitung von Konsequenzen übergehen. Je nach Ergebnis der Auswertung ergeben sich Maßnahmen, die alle Bereiche der Apotheke betreffen können – angefangen bei der Personaleinsatzplanung, die nun besser auf Kundenströme angepasst ist, bis hin zu Kostensenkungsmaßnahmen zur Gewinnoptimierung.

3. Kennzahlen und Key Performance Indicators (KPIs) als Instrumente zur Effizienzsteigerung

Trennen Sie möglichst zwischen Kennzahlen, die Ihren Erfolg der Wirtschaftlichkeit als Ganzes messen, und *Key Performance Indicators* (KPIs). KPI sind ebenfalls Kennzahlen, sie beziehen sich jedoch auf die Produktivität. So wird nachfolgend getrennt nach der internen Produktivität (= KPIs) und der Apotheken-Erfolgsmessung als Ganzes (= Kennzahlen). Die Key Performance Indicators sind mit einem Schlüsselsymbol am Rande gekennzeichnet.

Effektivität ist auf das Ergebnis ausgerichtet. Sie können beispielsweise einen Apfel mit einem Löffel schälen und irgendwann ist er auch geschält. Ziel erreicht und somit waren Sie effektiv. ☺

Effizienz ist auf das Verhältnis der eingesetzten Mittel zu dem erreichten Ergebnis ausgerichtet. Hätten Sie den Apfel gleich mit einem Messer oder Apfelschäler geschält, wären Sie auch noch effizient gewesen.

Kennzahlen in der Apotheke sind dazu gedacht, um schnell und übersichtlich Erkenntnisse betriebswirtschaftlichen Charakters zu gewinnen und Vergleiche anstellen zu können. Ich möchte im Vorfeld dieses Kapitels darauf hinweisen, dass viele Kennzahlen einfach nur der Kennzahl wegen gerechnet werden, ohne dass anschließend ein richtiger Nutzen erkennbar ist. Man kann sehr viel Zeit mit dem Berechnen von Kennzahlen verbringen, während gleichzeitig andere – eventuell viel wichtigere – Ereignisse stattfinden, die viel eher Ihre Beachtung hätten finden müssen. Versuchen Sie daher eine kleine Auswahl an Kennzahlen für sich zu treffen, die Ihnen einen echten Nutzen bringen, und messen Sie in regelmäßigen Abständen die Ergebnisse. Entscheidend ist, dass Sie die Ursachen von Veränderungen herausfinden und die Ergebnisse interpretieren können.

Kennzahlen und KPIs – Bezugsgrößen richtig wählen

In der Vergangenheit und auch heute noch werden Kosten in der BWA überwiegend im Verhältnis zum Umsatz abgebildet. Dann lesen Sie beispielsweise Personalkosten = 14 %, wobei Umsatzerlöse 100 % entsprechen. Diese Vorgehensweise ist sehr verbreitet, und da man anschließend immer die gleiche Vergleichsbasis haben wollte, hat sich dies fest etabliert, auch wenn es heute kaum noch sinnvoll ist. Wenn Sie beispielsweise viele Patienten haben, die mit hochpreisigen Rezepten zu Ihnen kommen, so steigt Ihr Umsatz und entsprechend fallen die im Verhältnis dazu dargestellten Kosten geringer aus. Haben Sie aber tatsächlich die Kosten senken können? Selbst wenn Sie »Hochpreiser« separat auswerten, ist der Rohertrag die bessere Basis zur Verhältnisbildung. Die Betriebskosten sind vom Rohertrag zu tragen und daher ist das die entscheidende Berechnungsbasis.

Überdenken Sie die alte Vorgehensweise und machen Sie einen Bruch mit diesem Schema. Stellen Sie einmalig um und setzen Sie künftig die Werte ins Verhältnis zum Rohertrag. Um Werte aus der Vergangenheit besser vergleichen zu können, sollte natürlich auch in den BWAs der vergangenen Jahre die Umstellung auf die Basis Rohertrag erfolgen. Hier stellt sich wiederum die Frage, wie gut doch tatsächlich die Werte aus der Vergangenheit miteinander zu vergleichen sind. Die enormen Auswirkungen auf den Rohertrag in den Jahren 2011 und 2012 sind stark auf das Arzneimittelmarkt-Neuordnungsgesetz (AMNOG) zurückzuführen. Der Rohertrag ist branchenweit gesunken und somit hätten sich die Angaben zu den Kostenblöcken (in Prozent zum Rohertrag) entsprechend erhöht. Je schlechter der Rohertrag, umso höher die Kosten. Ist das eine sinnvolle Aussage? Sicherlich nicht. 2013 erlebt nun die Branche höhere Rohertäge, die zum einen auf neue Regelungen innerhalb des Umsatzes zurückzuführen sind (Kombimodell) und zum anderen auf bessere Einkaufskonditionen, die durch gezieltes Agieren der Lieferanten ausgelöst werden. Der Anstieg von 50 Cent je Rx-Packung (= 8,10 → 8,35 und Abschlag von 2,05 → 1,80 €) lässt den Umsatz im Vergleich zum Vorjahr enorm steigen und somit auch den Rohertrag. Betrachten wir jetzt wieder die Verhältnisse zu den Kosten, so sinken diese. War deswegen z. B. das Personal effizienter?

Zusammenfassend sei gesagt, dass nach wie vor die Messung im Verhältnis zum Rohertrag sinnvoller ist als der Bezug zum Umsatz, allerdings wird die Vergleichbarkeit zu Vorjahren immer stärker leiden. Die Abweichungen sind zu groß und hauptsächlich durch fremde Faktoren herbeigeführt.

Zusätzlich muss sichergestellt sein, dass über den Wareneinsatz der Rohertrag die tatsächlichen und effektiven Einkaufskonditionen (netto-netto-EK) sowie Bestandsveränderungen beinhaltet. Dies kann nur eine Apotheke gewährleisten, die mit POS arbeitet. POR-Apotheken bleiben bei der Basis Umsatz, da die Warenkosten unterjährig nicht korrekt dargestellt werden können und somit auch der Rohertrag nicht korrekt ist. Sinnvoll ist dann sicherlich eine halbjährliche Betrachtung der Kosten und Umsätze statt der monatlichen BWA-Analyse. Sparen Sie hier Kosten und Zeit und betrachten die Auswertung halbjährig bzw. quartalsweise.

Wichtig: Der Wareneinsatz, der zum jeweiligen Umsatz auch tatsächlich gehört, muss dargestellt sein. Damit ist gemeint, dass häufig in den Warenkosten Positionen verbucht werden, mit denen aber kein adäquater Umsatz generiert worden ist, und somit der Rohertrag zu klein ausfällt. Wenn Sie beispielsweise Taschentücher einkaufen, die Sie den Kunden als kostenlose Beigabe mitgeben, so dürfen diese nicht in den Warenkosten enthalten sein. Wenn Sie aber auf der Lieferantenrechnung keinen entsprechenden Vermerk machen, kann dies der Steuerberater nicht erkennen und bucht es rohertragsbelastend ein. Ähnlich verhält es sich mit dem Einkauf für Filialen oder Partner/Kollegen (Verbund). Wenn diese Ware zum Einkaufspreis weitergereicht wird, so fehlt der entsprechende Umsatz (inkl. Aufschläge) und der Rohertrag fällt zu klein aus.

Wenn also die Berechnungsbasis der Rohertrag ist, muss besonders darauf geachtet werden, dass auch der korrekte Wert in der BWA ausgewiesen ist. Gelingt es nicht und der Rohertrag schwankt zu sehr, so erübrigt sich eine unterjährige Betrachtung dieser Kennzahlen. Die Auswertung ist zu ungenau, und die Maßnahmen, die Sie eventuell ableiten, greifen nicht entsprechend. Ziehen Sie Ihren Steuerberater zurate und stellen Sie sicher, dass die gesamte Einkaufskette transparent ist und in der BWA richtig dargestellt ist.

Stellen Sie sicher, dass ...:

- ... Konditionen- und Lieferantenverträge klar und verständlich sind

- ... Abbuchung, Belastung und Rechnungsstellung den Vereinbarungen entspricht

- ... Sie alle einkaufsrelevanten Aspekte an das Personal, das den Einkaufsprozess mitbegleitet, kommunizieren

- ... bei der Warenannahme der effektive Einkaufspreis ins System erfasst wird bzw.

- ... Sie in Ihrem Warenwirtschaftssystem die Rabatte so hinterlegt haben, dass bei der Erfassung der Warenendbestände der korrekte (echte) Einkaufswert vorliegt

- ... Sie Warenendbestände monatlich an den StB übermitteln

- ... der StB die Wichtigkeit erkennt und in Ihrer monatlichen BWA den »echten« und »korrekten« Wareneinsatz darstellt.

3.1 Arten von Kennzahlen

Prinzipiell werden Kennzahlen wie folgt unterteilt:

- Finanzkennzahlen

- Kennzahlen für Personal

- Kundenkennzahlen

- Kennzahlen für Waren/Lagerkennzahlen

- Prozesskennzahlen

- Sonstige Kennzahlen

Kennzahlen generieren Sie, indem Sie zwei oder mehrere Faktoren miteinander ins Verhältnis setzen. Die Faktoren leiten sich aus verschiedenen Quellen ab. Summen und Zwischenergebnisse werden häufig als »Kennzahlen« beschrieben, sind es aber im eigentlichen Sinne nicht. Für das Controlling sind jedoch diese Ergebnisse innerhalb Ihrer BWA sehr wichtig und daher werden diese in unsere Betrachtung einfließen. Einige Kennzahlen sind rein aus einer Quelle zu schöpfen, wie z. B. der Cashflow, der sich im originären Sinne einzig aus der GuV ableitet, oder der Rohertrag, der einzig aus der BWA heraus abgeleitet wird. Viele Kennzahlen bauen aber sowohl auf Informationen aus der GuV als auch der Bilanz auf, so dass Sie auf verschiedene Quellen zurückgreifen werden (Abb. 9).

Abb. 9: Quellen betriebswirtschaftlicher Kennzahlen

Das Kennzahlensystem in Abb. 10 fasst zusammen, was innerhalb der Finanzkennzahlen sinnvoll zu messen ist. Es gilt, finanzielle Stabilität aufzuzeigen und eine positive Ertragslage darzustellen. Finanzielle Tragkraft zeigt sich innerhalb Ihrer getätigten Investitionen und der Frage, wie alles finanziert worden ist, sowie der Analyse der liquiden Mittel. Die Ertragslage spiegelt sich innerhalb Ihrer Gewinn- und Verlustrechnung und der daraus resultierenden Rentabilitäten.

Finanzielle Tragkraft			Erfolgssituation	
Investitionen/ Anlagevermögen	Finanzierung/ Kapital	Liquidität	Rentabilität	Kostenstruktur + Erfolg
• Anlagenintensität • Investitionsquote • Investitionsdeckung	• Eigenkapitalquote • Anlagendeckung • Forderungsstand in Tagen • Verbindl. in Tagen • Lagerdauer in Tagen	• Liquidität 1. Grades • Schuldtilgungsdauer in Jahren	• Eigenkapitalrentabilität • Gesamtkapitalrentabilität	• Warenintensität • Personalintensität • FK-Zinsen in % vom Umsatz • AfA in % vom Umsatz • Break-Even-Point in % v. Umsatz • Cashflow in % v. Umsatz

Abb. 10: Übersicht Finanzkennzahlen

3.2 Finanzkennzahlen

Die Finanzkennzahlen gehören zu den wichtigsten Kennzahlen, die Sie in der Apotheke messen können. Nicht nur bei Bankgesprächen fällt häufig die Frage, ob etwas rentabel ist, ob es sich »lohnt«. Stellen *Sie* sich diese Frage, haben Sie bereits begonnen, eine Finanzkennzahl zu beleuchten, nämlich die Rentabilität.

Sie benötigen nun folgende Dokumente:

■ Gewinn- und Verlustrechnung

■ BWA (bei einer Überprüfung unterjähriger Daten)

■ Bilanz

3.2.1 Rentabilität – Wann ist eine Apotheke rentabel?

Einer der betriebswirtschaftlich relevantesten Aspekte ist die Frage nach der Rentabilität der Apotheke. Für Sie heißt das konkret: Hat sich der Einsatz von Kapital im Sinne eines finanziellen Vorteils für den Apothekeninhaber gelohnt? Die nachfolgende Betrachtung wird sich auf die monetär messbaren Werte beziehen.

Tipp: »Rendite« ist das Ergebnis einer Rentabilitätsberechnung!
Es gibt vier klassische Rentabilitätskennzahlen und daher auch vier unterschiedliche »Renditen«. »*Die* Rendite« gibt es also nicht! So wie das Ergebnis einer Additionsrechnung »Summe« heißt, so heißt das Ergebnis einer Rentabilitätsberechnung »Rendite«. Häufig wird die Gesamtkapitalrentabilität damit gemeint, aber sicher können Sie sich da nicht sein. Werden Sie also gefragt, wie hoch die Rendite in der Apotheke ist, müssten Sie eigentlich erst rückfragen, welche Rendite genau gemeint ist.

Zur Ermittlung der Kapital-Rentabilität werden Gewinn und das investierte Kapital der Apotheke zueinander ins Verhältnis gesetzt und bei der Umsatzrentabilität Gewinn ins Verhältnis zum Umsatz. Das *Ergebnis* dieser Berechnungen heißt Rendite (Eigenkapital-, Fremdkapital-, Gesamtkapital- oder Umsatzrendite). Die Angabe erfolgt immer als Prozentwert.

Tipp: Denken Sie bei dem Wort »Rentabilität« immer an »Gewinn«! Wenn Sie das schaffen, haben Sie bereits die wesentliche Basis für ihre Berechnung. Rentabilität ist immer das Verhältnis zwischen dem Gewinn und der im Namen genannten Bezugsgröße. Der Quotient wird gebildet und mit 100 multipliziert, um zu einem Prozentwert zu gelangen. Also: Werden Sie nach der Eigenkapitalrentabilität gefragt, so denken Sie sofort an den Gewinn und dann an das, was im Namen steht (hier: Eigenkapital).
Bsp.: *Eigenkapital*rentabilität (EKR) = Gewinn ÷ *Eigenkapital* x 100

Achtung: Das Kapital einer Apotheke setzt sich in der Regel aus Eigen- *und* Fremdkapital zusammen (in Ausnahmefällen ist eine Apotheke zu 100% aus nur Eigen-, meistens jedoch überwiegend aus Fremdkapital finanziert) – daraus lassen sich verschiedene Rentabilitäten mit unterschiedlichem Aussagewert ableiten!

*Gesamtkapital*rentabilität = Gewinn : *Gesamtkapital* der Apotheke x 100
*Eigenkapital*rentabilität   = Gewinn : *Eigen*kapital x 100
*Fremdkapital*rentabilität = Gewinn : *Fremd*kapital x 100

Die Höhe des Gewinns entnehmen Sie der Gewinn- und Verlustrechnung, die Werte für Eigen- und Fremdkapital finden Sie in der Bilanz.

Es ist bislang absichtlich nicht vertieft worden, welcher Gewinn hier einzusetzen ist. Wir werden zunächst den *Gewinn nach Steuer* verwenden – abgeleitet aus Ihrer Gewinn- und Verlustrechnung. Am Ende des Kapitels wird erneut auf dieses Thema Bezug genommen, wenn es darum geht, die Ergebnisse unterschiedlich zu beeinflussen und zielgruppengerecht darzustellen. Sie können durchaus den Begriff »Gewinn« ausdehnen und unterschiedlich einsetzen. Zunächst widmen wir uns jedoch der klassischen Betrachtung.

Eigenkapitalrentabilität (EKR)

Sie hören Rentabilität, also denken Sie sofort an Gewinn – sehr schön. Wie gesehen, benötigen Sie zunächst den *Gewinn nach Steuer*. Das Eigenkapital wird auch als »Eingebrachtes Kapital« oder »Anfangskapital« bezeichnet. Sie finden diese Angabe in Ihrer Bilanz, auf der Passiva-Seite. Es ist die Menge an Kapital, das der oder die Inhaber aus eigener Kraft in die Apotheke investiert hat/haben und nicht über die Bank aufgenommen ist. Anhand der EKR erkennen Sie, inwieweit sich das selbst investierte Kapital verzinst (rentiert) hat. Bei einer vollständigen Fremdfinanzierung der Bank ergibt die Berechnung der EKR natürlich keinen Sinn.

Eigenkapitalrentabilität (%) = (Ertrag nach Steuern ÷ Eigenkapital) x 100

Beispielrechnung:
Eigenkapital: 80 T €
Ertrag nach Steuer (Gewinn)   22 T €

EKR = (22.000 ÷ 80.000) x 100 = 27,5 %

Auswertung: Der Apothekeneigentümer erzielt eine Verzinsung seines Eigenkapitals in Höhe von 27,5 %. Eine ähnliche oder bessere Verzinsung würde gegenwärtig mit keiner sicheren Geldanlage zu erzielen sein. Das Eigenkapital hat also sehr rentabel in der Apotheke »gearbeitet«; es hat sich »rentiert« und das Unternehmerrisiko hat sich gelohnt. Der Wert ist nach oben hin offen. Die untere Grenze ist nach dem individuellen Empfinden unterschiedlich, liegt aber zumindest auf der Höhe der aktuell erzielbaren Verzinsung von Finanzanlagen auf dem Kapitalmarkt. Im Jahr 2013 liegt der Zins auf Guthabengelder extrem niedrig. Daher kann dann eine Rolle spielen, dass der Inhaber die Annahme treffen könnte, das Geld anderweitig verliehen haben zu können. Vielleicht würde er dann 4% Zinsen bekommen (natürlich ist das Risiko der Rückerstattung/Tilgung entsprechend höher). So treffen Sie für sich eine Entscheidung, ob Sie es sicher anlegen würden, ob Sie es mit leichtem Risiko anlegen oder gar verleihen würden. Die finale Zinslage wird sich ca. zwischen 1 – 6% bewegen und dies ist die Mindestgrenze für den Vergleich mit der Eigenkapitalrentabilität Ihrer Apotheke.

Fremdkapitalrentabilität (FKR)

Eine Apotheke kann unterschiedliche »Schulden« haben. Eine Art sind die so genannten »Verbindlichkeiten aus Lieferungen und Leistungen« gegenüber dem Lieferanten – d.h. Waren, die bereits geliefert wurden, aber erst später bezahlt werden müssen. Diese *unverzinsten* Zahlungsziele werden bei der Betrachtung der FKR nicht berücksichtigt. Nur das Fremdkapital, das entgeltlich der Apotheke überlassen wurde, wird in die Berechnung einbezogen, also die so genannten *Finanzverbindlichkeiten* bzw. *Bankverbindlichkeiten.*

Die Fremdkapitalrentabilität liefert besonders dem Fremdkapitalgeber Informationen über die wirtschaftliche Sicherheit und weitere Kreditwürdigkeit des Kreditnehmers.

Fremdkapitalrentabilität (%) = (Ertrag nach Steuer ÷ Fremdkapital) x 100

Beispielrechnung:

Fremdkapital:	200 T €
Ertrag nach Steuer (Gewinn)	22 T €

FKR = (22.000 ÷ 200.000) x 100 = 11 %

Auswertung: Die erreichte Rentabilität liegt über den marktüblichen zu zahlenden Zinssätzen für Fremdkapital. Der Kapitalgeber wird in diesem Fall die Apotheke als finanziell sicher und kreditwürdig einstufen. Diese Kennzahl gehört allerdings nicht zu den Kennzahlen, die sich der Apotheker berechnet. Hier gewinnt der Fremdkapitalgeber einen Eindruck, wie rentabel die Apotheke ist, obwohl Zinsen an die Bank gezahlt werden. Denn: Obwohl die Apotheke Zinsen an die Bank zahlt, erwirtschaftet sie immer noch einen Gewinn, der so rentabel ist. Der Wert ist nach oben hin offen. Die untere Grenze entspricht der Höhe des Prozentwertes der gezahlten Zinsen an die Bank.

Die Aussagefähigkeit der einzelnen Rentabilitäten an sich bezüglich der Gesamtsituation der Apotheke ist sehr begrenzt, nein, sie hinkt sogar. Haben Sie eine Idee warum?

Beide Kennzahlen werden unter Zugrundelegung des *gesamt* erwirtschafteten Gewinns ermittelt. Dieser konnte jedoch nur im Zusammenspiel von Eigen- *und* Fremdkapital erzielt werden. Die Einzelkennzahlen Eigen- und Fremdkapitalrentabilität geben somit dem Apotheker bzw. Fremdkapitalgeber einen Hinweis zur Rentabilität des Kapitals, nicht aber zur Rentabilität der Apotheke. Die Frage, welcher Teil des Gewinns wurde durch das Fremdkapital und welcher durch das Eigenkapital erarbeitet, kann praktisch nicht beantwortet werden. Somit muss das gesamt aufgewendete Kapital dem insgesamt erwirtschafteten Gewinn gegenübergestellt werden. Dies geschieht durch Ermittlung der Gesamtrentabilität. Der Gewinn wird nur durch die Summe von Eigen- und Fremdkapitaleinsatz erwirtschaftet!

Merke: Eine Aussage zur Rentabilität der Apotheke als Ganzes kann nur aus der Berechnung der *Gesamtkapital*rentabilität abgeleitet werden!

Gesamtkapitalrentabilität (GKR)

Das Gesamtkapital ist die Summe Ihres Eigen- und Fremdkapitals. Wie zuvor auch, entnehmen Sie diese Angaben aus Ihrer Bilanz (Passiva).

Gesamtkapitalrentabilität (%) = (Ertrag nach Steuer ÷ Gesamtkapital) x 100

Beispielrechnung:
Gesamtkapital (= EK + FK):   80 T € + 200 T € = 280 T €
Ertrag nach Steuern: 22 T €

GKR = (22.000 ÷ 280.000) x 100 = 7,86 %

Auswertung: Die Gesamtkapitalrentabilität wird mit dem üblichen, für eine sichere Anlage zu erzielenden, jährlichen Kapitalmarktzins verglichen. Das gesamte Kapital in Höhe von 280 T€ kann auf dem (sicheren) Kapitalmarkt keine Verzinsung von 7,86 % erbringen. Die GKR hier liegt also (weit) über dem üblichen zu erzielenden Kapitalmarktzins. Diese Apotheke ist also ein sehr rentables Unternehmen, in das es sich lohnt zu investieren. Glück gehabt ...

Zu Beginn des Kapitels wurde darauf hingewiesen, dass die Frage nach dem »sich lohnen« nicht nur mit monetären Fakten zu beantworten ist. Natürlich gibt es neben den finanziellen Aspekten auch andere Beweggründe, eine Apotheke zu betreiben und dort Kapital zu investieren. Diese nicht-monetären bzw. persönlichen Aspekte – wie z. B. die Fortführung einer langjährigen Familientradition oder das Bedürfnis, der eigene Chef sein zu können etc. – sind ebenfalls von großer Bedeutung und sollten neben den betriebswirtschaftlichen Faktoren mit in die unternehmerischen Überlegungen einfließen. Sie sind jedoch sehr individuell und nicht zu verallgemeinern bzw. monetär messbar.

> **Tipp:** Für Ihre Praxis reicht die Berechnung der Eigen- und Gesamtkapitalrentabilität aus. Beobachten Sie die jährliche Entwicklung des investierten Kapitals und die damit einhergehende Rentabilität. Die Betrachtung der Fremdkapitalrentabilität können Sie der Bank überlassen.

Sinnvollerweise betrachtet man diese Kapitalrentabilitäten einmal pro Geschäftsjahr. Das Eigenkapital wird zwar ständig durch Ihre Privatentnahmen und Einlagen verändert, letztendlich ist das aber sehr normal, und es zählt der nur Status zu Beginn des Geschäftsjahrs und am Ende. Gerade durch die Tatsache, dass der Gewinn nach Steuer das Eigenkapital verändert, gilt es nur am Jahresende zu messen, welche Rentabilität sich daraus ergibt.

Umsatzrentabilität (UR)

Neben den Kapitalrentabilitäten können Sie auch die Umsatzrentabilität berechnen. Hier wird das Verhältnis gebildet zwischen dem Gewinn und den erzielten Umsätzen. Die Umsatzerlöse entnehmen Sie Ihrer Gewinn- und Verlustrechnung bzw. Ihrer BWA.

Die Verwendung der Umsatzerlöse zur Berechnung der UR ist nicht so einfach wie bei anderen Unternehmen, wo die Preiskalkulation vollständig in eigener Hand liegt. In der Apotheke wird der Umsatz (oft der größte Teil) durch politischen Einfluss bestimmt (Rx Umsatz).

Besonderheit im Rx-Bereich: Im Jahr 2004 wurde das so genannte Kombimodell in Kraft gesetzt, das im Laufe der folgenden Jahre hauptsächlich über den Abschlag (Kassenrabatt) verändert wurde. Für die Berechnung des Umsatzes mit der gesetzlichen Krankenversicherung gilt (Rx-Umsatz):

Apothekeneinkaufspreis (AEP)
+ 3 % auf AEP
+ 8,35 € pro Packung Fixzuschlag
+ 19 % MwSt.
− 1,51 € Abschlag (netto) GKV

Wenn Sie nun die Entwicklung Ihrer Umsätze betrachten, ist die Orientierung an den Packungen einfacher, da durch die Schwankungen im Abschlag die Vergleichbarkeit erschwert wird. Der Abschlag unterliegt Verhandlungen und hat sich in der Vergangenheit mehrfach geändert:

Seit	01.01.2004	2,00 € brutto	1,68 € netto
Seit	01.01.2007	2,30 € brutto	1,93 € netto
Seit	01.01.2009	1,75 € brutto	1,47 € netto
Seit	01.01.2011	2,05 € brutto	1,72 € netto

Seit	01.01.2013	1,75 € brutto	1,47 € netto
Seit	01.07.2013	1,85 € brutto	1,55 € netto
Ab	01.01.2014	1,80 € brutto	1,51 € netto
Ab	01.01.2015	1,77 € brutto	1,49 € netto

Seit dem 1.8.2013 wird erneut über das Notdienstsicherungsgesetz (ANSG) in Ihre Umsatzdarstellung eingegriffen. Zum Buchdruck sieht es jedoch nach einer neutralen Auswirkung aus. Ihr Umsatz wird zunächst um 16 Cent je Rx-Packung erhöht, die aber im gleichen Zuge an den Notdienstfonds abgeführt werden. Es werden Ihnen aber quartalsweise die Notdienste vergütet und diese Einnahme kann der Steuerberater sowohl als Umsatz als auch »sonstigen« Ertrag verbuchen. Beachten Sie also die künftige Umsatzentwicklung und hinterfragen Sie die verbuchten Positionen. Notdienstzuschläge sollten als sonstige betriebliche Erträge verbucht werden.

Über die gesamte Kette vom Hersteller zum Verkaufspreis an den Kunden gilt folgende Vorgehensweise, wobei Einkaufskonditionen und Abschlag jeweils anzupassen sind:

	ApU 50,00 €	ApU 100,00 €	ApU 3.000,00 €
Apothekeneinkaufspreis (AEP)	52,28 €	103,85 €	3.038,50 €
darauf 3,0 % Strukturkomponente	1,57 €	3,12 €	91,14 €
darauf Fixzuschlag von 8,35 €	8,35 €	8,35 €	8,35 €
ergibt NettoApothekenVerkaufspreis	62,20 €	115,32 €	3.137,99 €
gesetzlicher Rohertrag sind also	9,92 €	11,47 €	99,49 €
bzw. Handelsspanne lt. AmPreisV	15,95 %	9,95 %	3,17 %
Hinzu kommen nun die Einkaufskonditionen			
RX über den GH Effektiv 4,5% / 1,5% auf RAEP	2,32 €	4,64 €	45,57 €
ergibt einen Rohertrag von nun	12,24 €	16,11 €	145,06 €
bzw. Handelsspanne inkl. Kondition	19,68 %	13,97 %	4,62 %
abzgl. Kassenrabatt bei GKV 1,75 € brutto	- 1,47 €	-1,47 €	-1,47 €
ergibt dies nun einen Rohertrag von	10,77 €	14,64 €	143,59 €
bzw. Handelsspanne bei GKV von	17,32 %	12,70 %	4,58 %

Quelle: Konzept-A, Konzepte für Apotheken GmbH 2013
ApU (Abgabepreis pharmazeutischer Unternehmen)

Trennen Sie quantitative und qualitative Informationen. Unterscheiden Sie einerseits *innerhalb* des Umsatzes nach Segmenten (GKV-Rezepte, PKV-Rezepte, Umsatz mit apothekenpflichtigen und mit nicht-apothekenpflichtigen Produkten, Hilfsmitteln oder

Medizinprodukten sowie Sonderkategorien wie Aktionsumsätze mit beispielsweise Kosmetika etc.) und andererseits nach Quellen, an denen der Umsatz generiert wird. Antworten auf Fragen wie »welche Artikel werden wann nachgefragt«, »welche Kunden kaufen welche Artikel« usw. gehören zu den *qualitativen* Informationen.

Die Umsatzrentabilität dient dazu, Unternehmen untereinander vergleichbar zu machen. Gerade im Zuge der Filialisierung werden Apotheken häufiger miteinander verglichen. Die mit am meisten betrachtete Umsatzrentabilität in Deutschland ist die vom Lebensmitteleinzelhandel. Hier bleiben häufig gerade mal 1 bis 2 €-Cent von einem Euro des Kunden als Gewinn übrig! Als Einzelunternehmen würde man sich sicherlich nicht lange halten können. Diese Supermärkte befinden sich jedoch im starken Konkurrenzdruck, und so entscheidet oft der übergeordnete Konzern, diesen Supermarkt zu halten, damit der Mitbewerber den Markt nicht besetzt.

Umsatzrentabilität (%) = (Gewinn ÷ Umsatzerlöse) x 100

Beispielrechnung:
Umsatzerlöse: 900 T €
Ertrag nach Steuern: 22 T €
Umsatzrentabilität = (22.000 ÷ 900.000) x 100 = 2,4 %

Tipp: Die Höhe der Umsatzerlöse entnimmt man der Gewinn- und Verlustrechnung. Netto-Wert, also ohne Mehrwertsteuer.

Auswertung: Das Ergebnis ist nicht wie zuvor bei den Kapitalrentabilitäten mit dem Kapitalmarktzins zu vergleichen. Sie fragen sich vielmehr, wie viel Gewinn Sie mit den Kundengeldern erwirtschaften. Hier: Mit jedem Euro, den die Apotheke von Ihren Kunden einnimmt, erwirtschaftet sie 2,4 €-Cent Gewinn. Das bezieht sich unmittelbar auf Ihre operative Tätigkeit, das eigentliche Apothekengeschäft.

Je stärker also der Preiskampf, desto niedriger der zu erzielende Umsatz und somit der Gewinn. Apotheken befinden sich immer mehr im starken Wettbewerb. Nur gibt es hier leider keinen großen Konzern, der über eine Mischkalkulation alles ausgleicht. Während immer noch in der Bevölkerung weit verbreitet angenommen wird, alle Apotheker seien die Bessergestellten der Gesellschaft, so erstaunt doch folgende Situation: Die Umsatzrentabilität einer durchschnittlichen Apotheke in Deutschland lag 2008 bei 0,3 % und 2009 bei sogar nur 0,1 %. Seit 2010 werden zu der Umsatzrentabilität der Apotheken keine offiziellen Grafiken veröffentlicht, da die schlechten Ergebnisse, vor allem in den Jahren 2011 und 2012, nicht abbildbar sind. In der nachfolgenden Grafik sehen Sie sogar ein noch älteres Erscheinungsdatum. Das war die letzte Grafik, die die ABDA zu dem Thema offiziell veröffentlicht hat.

Was bleibt von 100,– EUR Umsatz?

	Bruttoumsatz	100,00 EUR
−	MwSt.	13,80 EUR
=	Nettoumsatz	86,20 EUR
−	Wareneinsatz	62,40 EUR
=	Rohertrag	23,80 EUR
−	steuerlich abzugsfähige Kosten	17,60 EUR
=	steuerliches Betriebsergebnis	6,20 EUR
−	kalkulatorische Kosten	5,90 EUR
=	betriebswirtschaftliches Ergebnis	0,30 EUR

Quelle: ABDA-Bundesvereinigung Deutscher Apothekerverbände, www.abda.de © 2007

http://www.abda.de/publikationen.html

Wichtig ist, dass Sie bei solchen Veröffentlichungen die einzelnen Parameter beleuchten. Hier wird der Bruttoumsatz genommen und der Gewinn beinhaltet bereits die kalkulatorischen Kosten des Inhabers (vor allem den kalkulatorischen Unternehmerlohn). Anzunehmen ist also, dass die hier erwähnten 30 Cent der effektive Wert ist, mit dem der Apotheker nun »leben« soll.

Die Darstellung weicht von unserer Formelberechnung ab, aber die Idee ist die gleiche. Es werden der Umsatz angegeben mit Mehrwertsteuer abzüglich der Kosten, was letztendlich der Gewinn ist. Darüber hinaus werden außer dem kalkulatorischen Unternehmerlohn keine weiteren kalkulatorischen Kosten (z. B. kalk. Miete oder kalk. Eigenkapitalzins) berücksichtigt. Ebenfalls wird nicht gefragt, wie viel von *einem* Euro des Kunden übrig bleiben, sondern von 100,- €. Alle Werte wurden in Euro berechnet, so dass keine Prozentzahl, sondern absolute Werte als Ergebnis erscheinen.

Die offiziellen Zahlen haben sich für das Jahr 2009 und 2010 sogar noch verschlechtert. So erzielte eine durchschnittliche Apotheke in 2009 ca. 10 €-Cent Gewinn an 100 € Umsatz.

Die Abbildung 11 zeigt die Umsatzrentabilität der Apotheken der Jahre 2001–2009.

Welche Maßnahmen können aus der Umsatzrentabilität im Zuge des Controllings abgeleitet werden?

Apotheken-Umsatzrendite (Angaben in Prozent des Bruttoumsatzes)

*) vorläufig/Umsatzrendite = Anteil des Vorsteuergewinns (abzüglich kalkulatorische Kosten) am Bruttoumsatz
Quellen: Institut für Handelsforschung, Köln, Treuhand Hannover, eigene Berechnungen

Abb. 11: Apotheken-Umsatzrendite 2001–2009

Je höher die Umsatzrentabilität, desto besser für die Apotheke. Beeinflusst wird sie durch Gewinn und Umsatzerlöse. Gewinnerhöhung ist das Ziel. Mehr Umsatz bei steigenden Kosten (= höherer Wareneinsatz, mehr Personalaufwand, weiteres Marketing) ist nicht die Lösung.

Erfolgsrelevante Stellschrauben:

■ Gesamtkostenreduzierung (führt zu höherem Gewinn, jedoch mit welchen Konsequenzen?), daher liegt der Fokus auf Kosten*optimierung*. Optimierung der Einkaufskonditionen und Personalkosten sind primär anzugehen. Professionalisierung im Einkauf und effizienter Einsatz des Personals ist anzustreben.

■ Umsatzsteigerung (Erhöhung der Mengen, der Preise oder beides – wenn das machbar ist). Zusatzverkauf ist in Apotheken wichtiger denn je. Hier gilt es übergreifende Prozesse zu definieren, die damit beginnen, dass schon clever eingekauft wird (höhere Mengen zu besseren Konditionen), im Team eine entsprechende Kommunikation stattfindet, dass auch gezielt die Empfehlungen passend zum Stücknutzen in der Reihenfolge genannt werden (immer im Einklang mit Ihrer pharmazeutischen Verantwortung!). Motivieren Sie stets die Mitarbeiter zum Zusatzverkauf (denkbar mit Messung und Prämien).

■ Schnelldreher richtig kalkulieren. Überprüfen Sie stets den Aufschlag und die Preistransparenz. Oft sind Kunden überrascht, dass Schmerzmittel »nur so wenig« kosten.

■ Optimierung der Lieferantenkonditionen (weniger Vielfalt im Sortiment, jedoch bessere Einkaufspreise)

■ Ausweitung OTC/non-Rx – denn hier können Sie Gewinnaufschläge kalkulieren!

Die Empfehlung zum Zusatzverkauf kann bei jeder Kennzahl wiederholt werden. Da dieses Thema so wichtig ist, sollten Sie sich zusätzlich mit den entsprechenden Vertriebsthemen (auch über Schulungen) auskennen.

3.2.2 Umsatzveränderung (Wachstum, Schrumpfung)

Messen Sie Veränderung der Rezepte PKV-Rx, PKV-non-Rx, GKV-Rx, GKV-non-Rx im Vergleich zum Vorjahr; Gleiches für Packungen. Die Veränderung des Umsatzes wird im Umsatzindex angegeben.

Umsatzindex = (Umsatz abgelaufenes Jahr ÷ Umsatz Vorjahr) x 100

Beispielrechnung:
Umsatzerlöse 2013:   900 T €
Umsatzerlöse 2014:   1.200 T €

Umsatzindex = (1.200.000 ÷ 900.000) x 100 = 133,33 %

Der Umsatz konnte im Vergleich zum Vorjahr um 33 % gesteigert werden. Noch wichtiger als das errechnete Ergebnis ist aber die Kenntnis über die Ursachen der Veränderungen!

Auswertung: Sie werden nicht eine sinnvolle Kennzahl zum Rx-Umsatz finden, solange er überwiegend von der gesetzlichen Situation beeinflusst wird. Es ist vielmehr wichtig, dass Ihnen bekannt ist, wie genau sich Ihr Umsatz zusammensetzt. Im non-Rx-Bereich ist die Kalkulation entscheidend, so dass Sie stets die Produkte gewinnbringend verkaufen. Im Rx-Bereich spielt es eine Rolle, ob Sie hoch- oder niedrigpreisige Produkte verkaufen. Das Kombi-Modell wirkt sich auf niedrigpreisige Produkte wirtschaftlicher aus als auf teure Arzneimittel. Ebenfalls sollten Sie regelmäßigen Kontakt halten zu Ärzten, die auf den Rezeptumsatz in Ihrer Apotheke Einfluss ausüben. Die Auflagen für Verschreibungen wirken sich auf Ihren Umsatz, aber auch die Arzttätigkeit aus. Gehen Sie pro-aktiv auf Ärzte zu, um zu erfahren, wie sich voraussichtlich die nächsten Jahre gestalten werden. So erfahren Sie möglicherweise mehr über geplante Schließungen und Nachfolgeregelungen.

Müssen Sie Hochpreisartikel vorfinanzieren, entstehen zusätzlich Kapitalkosten, die die gesamte Wirtschaftlichkeit auf den Prüfstand stellen. In der Praxis muss aber wiederum berücksichtigt werden, dass die reine Finanzkennzahlbeleuchtung ins Verhältnis zum

Kundennutzen gestellt werden muss. Müssen Sie erst ein Produkt bestellen, wenn der Kunde es benötigt, kann es sein, dass es den Kunden nicht zufriedenstellt und er lieber das Rezept anderweitig einlöst und die somit einhergehende Chance auf Zusatzumsatz absolut entfällt. Daher muss immer der finanzielle Vorteil und der Effekt beim Kunden gleichzeitig betrachtet werden (Lieferfähigkeit).

3.2.3 Berechnung von Rentabilitäten nach »Verwendungszweck« – Rentabilität für Fortgeschrittene

Sehr interessant ist die Frage, welcher »Gewinn« bei Berechnung von Gewinn-Kennzahlen zugrunde zu legen ist. Es gibt nämlich mehrere Gewinndefinitionen. Es kommt ganz darauf an, für wen die Aussage dieser Kennzahl bestimmt ist. Möchten Sie bei Bankgesprächen und bei Gewinnung von Geschäftspartnern beeindrucken, sollten Sie die möglichst günstigste Größe nehmen (höchsten Gewinn, um die höchste Rentabilität zu errechnen).

Aktiengesellschaften, die im Zeitalter der Shareholder-Value-Orientierung permanent »so erfolgreich wie möglich auftreten« möchten, scheuen oft nicht davor, hier das EBITDA als Berechnungsgrundlage zu wählen. Dies ist in zahlreichen Beispielen aus Wirtschaftsartikeln zu sehen.

»Gewinn-Varianten«

EBT

■ »Earnings before Taxes«

■ entspricht Gewinn vor Steuer (bei Apotheke: Gewinn vor Einkommenssteuer)

EBIT

■ »Earnings before Interest and Taxes«

■ entspricht Gewinn vor Steuern und vor Finanzergebnis (Zinsen, Beteiligungen)

■ berücksichtigt wird das operative Ergebnis der Apotheke (bei richtiger Darstellung der BWA entspricht es dem Betriebsergebnis)

EBITDA

■ entspricht EBIT, also ohne Interest + Tax und noch ohne Depreciation and Amortization (Abschreibungen)

■ Amortizations sind Abschreibungen auf immaterielle Vermögensgegenstände (Firmenwerte, Lizenzen)

▨ Depreciations sind Abschreibungen auf Sachanlagen (materielle Güter). Da Abschreibungen keinen Geldabgang bedeuten, dennoch aber den Gewinn schmälern, werden Sie nun in dieser Kennzahl wieder herausgerechnet.

▨ Nutzen Sie diese Größe auch für Mitarbeiter-Prämien, da ein Mitarbeiter diese Größe gut beeinflussen kann (eher Filialleitung).

Möchten Sie für sich selbst als Apothekenleiter eine »ehrliche« Erkenntnis gewinnen, so nehmen Sie den *Ertrag nach Steuer* als Gewinngröße *und* lassen außerdem *kalkulatorische Aspekte* wie kalkulatorischer Unternehmerlohn mit einfließen (= Unternehmensergebnis). Sollten Sie darstellen wollen, dass Sie eine sehr rentable Apotheke betreiben, und besonders auf Ihr Außenbild bedacht sein, so haben Sie die Möglichkeit, die Größe Gewinn im Zähler durch das EBITDA (= Earnings before Interests, Tax, Depreciation and Amortization) zu ergänzen. EBITDA ist eine moderne Gewinndefinition. In der klassischen Betrachtung wird der Gewinn *nach* Steuer herangezogen, in diesem Fall wäre es der Gewinn *vor* Steuer, vor Zinsen und vor Abschreibungen. Gerade Apotheken mit einem hohen Investitionsvolumen und somit sehr hohen Abschreibungen erzielen hier ein wesentlich besseres Ergebnis, als wenn für den Gewinn die Größe Ertrag *nach* Steuer verwendet worden wäre.

Abb. 12: Aufbau der Gewinn- und Verlustrechnung

Gesamtkapitalrentabilität (GKR)

Beispielrechnung EBITDA-basierend:

Gesamtkapital (= EK + FK):	80 T € + 200 T € = 280 T €
Ertrag nach Steuern:	22 T €
Abschreibungen:	(–) 5 T €
Finanzergebnis:	– 8 T €
Einkommensteuer:	(–) 9 T €
EBITDA-»Gewinn«:	22 T € + 8 T € + 9 T € + 5 T € = 44 T €

Das »B« (before) ist die entscheidende Zauberformel. Alle Werte, die zuvor den Gewinn geschmälert haben (-), werden jetzt wieder aus der Berechnung genommen und mit dem umgekehrten Vorzeichen verrechnet.

Beispielrechnung GKR (EBITDA-basierend):
44.000 : 280.000 x 100 = 21,15 % GKR
Auswertung: Die GKR über die klassische Berechnungsweise ergab 7,86 %. Sie erkennen den enormen Unterschied? An dieser Vorgehensweise ist nichts falsch. Die Auslegung von Kennzahlen ist nicht festgeschrieben und flexibel; je nach Sicht der Situation. Das ist eine Art Bilanz- bzw. Finanzpolitik. Sie können hier argumentieren, dass weder die Steuer noch die Zinsen unmittelbar das operative Geschäft beeinflussen. Die Einkommensteuerzahlungen fallen unterschiedlich aus und somit ist die Vergleichbarkeit besser gegeben. Die Abschreibungen spiegeln Wertverluste wieder und sind somit »fiktiv«, sie bedeuten keinen Geldabfluss. Daher kann die Größe EBITDA als der tatsächliche operative Gewinn gesehen werden. Das hat seine volle Berechtigung. Wenn sich börsennotierte Konzerne dieser Kennzahl bedienen können, dürfen Sie es sicherlich auch.

Verwendungszweck: Ehrliches Selbstbild

Die bislang erfolgten Betrachtungen basieren auf Angaben aus Ihrer Gewinn- und Verlustrechnung sowie der Bilanz. Kalkulatorische Aspekte, wie der kalkulatorische Unternehmerlohn, sind keine steuerwirksamen Aufwendungen und werden daher nicht in der Gewinn- und Verlustrechnung aufgeführt. Das ist aber kein Grund, diese bei der Betrachtung der Rentabilität Ihrer Apotheke außen vor zu lassen. Wäre Ihre Apotheke eine Kapitalgesellschaft, so wären Sie als Geschäftsführer der Apotheke angestellt und Ihr Gehalt würde in die Personalaufwendungen einfließen. Dies würde den Gewinn vor Steuer mindern. Wir hätten dann das Ergebnis für die Unternehmung im Gesamten und nicht das zu versteuernde Einkommen des Apothekers, wie es ja im Falle der Einzelunternehmung ist. Daher wird hier von dem »ehrlichen Gewinn« gesprochen und gemeint ist damit der Erfolg der Unternehmung Apotheke (= Unternehmensergebnis).

Anmerkung kalkulatorischer Unternehmerlohn: Gerade bei dieser Kennzahl soll nicht der Wert herangezogen werden, den Sie aufbringen müssten, um eine Vertretung sicherstellen zu können. Hier geht es um Ihre tatsächliche Wertigkeit als Chef und Inhaber der Apotheke, inklusive aller Verpflichtungen wie z. B. Arbeitspensum, private Haftung etc.

Ergebnis nach Steuer – kalkulatorischer Unternehmerlohn = Unternehmensergebnis

Wann ist eine Apotheke rentabel? – Zugabe für Fortgeschrittene

Die bereits dargestellten Rentabilitätskennzahlen im Kapitel 3.1 bauen auf dem Gewinn nach Steuern auf. Für Apotheken ist jedoch entscheidend, dass der kalkulatorische Unternehmerlohn bislang in dieser Berechnung nicht berücksichtigt wurde. Der tatsächliche (ehrliche) Gewinn ist um diese Größe kleiner. Daher sollten Sie berechnen, wie rentabel das tatsächliche Unternehmensergebnis ist.

Die »ehrlichste« Darstellung Ihrer Rentabilität ist die: Gesamtkapitalrentabilität (GKR) basierend auf dem Ertrag nach Steuern (inkl. kalkulatorischem Unternehmerlohn)

Beispiel:

Annahme Höhe kalk. U'lohn:	80.000 €
Gesamtkapital = EK + FK =	80 T € + 200 T € = 280 T €
Gewinn nach St.:	22.000 €
Unternehmensergebnis:	22.000 – 80.000 = – 58.000 €

In diesem Fall ist das Unternehmensergebnis negativ und eine Rentabilitätsbetrachtung ergibt keinen Sinn. Sie würden mit jedem Sparbuch eine bessere Verzinsung bekommen als mit dieser Apotheke. Leider ist das nach den aktuellen Zahlen bei zwei Dritteln aller Apotheken der Fall.

Als weitere den Gewinn beschreibende Kennzahl sei hier der EAT IEP B DA vorgeschlagen:

EAT	Earnings after Tax	Ergebnis nach Steuer
IEP	Imputed Enterpreneurial Profit	(vor) kalk. U'lohn
B	Before	vor
DA	Depreciation, Amortization	Abschreibungen

Meiner Ansicht nach ist das aus der Perspektive des Inhabers die optimale Kennzahl. Sie betrachten hier den Gewinn der Apotheke (Cashflow), schmälern jedoch nicht wie beim EBITDA diesen Wert um Zins- und Steuerzahlungen. Diese sind tatsächlich abgeflossen und stehen der Apotheke nicht in der neuen Periode zur Verfügung. Jetzt wird jedoch der Gewinn um den kalkulatorischen Unternehmerlohn geschmälert.

Setzten Sie nun diesen Gewinn ins Verhältnis zum investierten Kapital, so erhalten Sie wohl die aussagefähigste Kennzahl bezüglich Ihrer Rentabilität.

3.2.4 Liquidität

Liquidität ist kein eigenständiger Posten in der Bilanz, sondern leitet sich aus verschiedenen Faktoren ab. Unter Liquidität versteht man die Fähigkeit, allen Zahlungsnotwendigkeiten und allen Zahlungsverpflichtungen nachkommen zu können und zwar termingerecht und betragsgenau (»*absolute Liquidität*«). Die *relative Liquidität* bezieht sich auf Zahlungsverpflichtungen und liquidierbare Vermögenswerte zu einem bestimmten Stichtag. Die Priorität lautet: Liquidität vor Rentabilität.

Liquidität = (Liquide Mittel 1./ 2. Grades ÷ Kurzfristige Verbindlichkeiten) x 100

Kurzfristige Verbindlichkeiten sind im Gegensatz zu Bankverbindlichkeiten in der Regel Schulden bei Lieferanten.

Liquide Mittel 1. Grades:	**Liquide Mittel 2. Grades:**
■ Bargeldbestände	■ Forderungen a. LL.
■ Bankguthaben	■ Vorräte (falls veräußerbar)
■ Wechsel (selten)	■ Sachanlagevermögen (falls gut veräußerbar)

Auch rentable Apotheken können schnell in eine Unternehmenskrise geraten. Ursache liegt dann oft bei einer angespannten Liquiditätssituation. Schon ein Rezept für ein sehr teures Arzneimittel, das Sie vorfinanzieren müssen, kann Sie in Liquiditätsnot bringen. Lieferanten und Banken reagieren daraufhin nervös und leiten Maßnahmen zur Sicherung von Forderungen ein. Es kann sogar so weit gehen, dass der Großhandel seine Lieferung einstellt. Ein Kreislauf entsteht, der dann die Apotheke in eine echte Krise führt. Allerdings werden Zahlungen der Krankenkassen aus dem Rx-Umsatz als »relativ sicher« eingestuft; bei hochpreisigen Arzneimitteln haben Sie eventuell die Möglichkeit, über die Abrechnungszentren eine Vorabfinanzierung zu vereinbaren.

Die genaue Kenntnis der Liquiditätssituation gehört vor allem auf die Tagesordnung des Geschäftsführers. Gerade, wenn in den BWAs leistungsbezogen gebucht wird und nicht erst bei Zahlungsfluss (so soll es auch sein!). Ein Liquiditätsplan, wie auch der Rolling Forecast, werden nicht nur bei Kreditanträgen von Banken verlangt, sondern gehören zwingend zum strategischen Management der Apotheke. Im Zuge des Controllings kann hier wieder mit einem Soll-Ist-Abgleich gearbeitet werden. Zu einer guten Apothekensteuerung gehört in diesem Zusammenhang ein effektives Debitorenmanagement, d.h. klar geregeltes Handling der Forderungen und der Geldeingänge. Dies hat vom Controlling unabhängig zu geschehen.

3.2.5 Cashflow

Der Cashflow ist eine besonders wichtige Kennzahl zur Darstellung der Ertragslage. »Cashflow« lädt sehr dazu ein, mit »Geldfluss« übersetzt zu werden, das ist aber nicht richtig, sinngemäß würde man besser von »Innenfinanzierungskraft« sprechen. Cashflow ist eine Kennzahl, die das Ergebnis nach Steuer um alle fiktiven (nicht-zahlungs-wirksamen) Werte korrigiert: Der Gewinn/Verlust als Endergebnis Ihrer Gewinn- und Verlustrechnung und beinhaltet u. a. Abschreibungen (AfA). Da aber die Abschreibungen nicht zahlungswirksam waren, sondern nur fiktiv, fällt Ihr »eigentlicher« Gewinn höher aus, als auf dem Papier dargestellt. Gleiches gilt auch bei Auflösung oder Bildung von Rückstellungen.

Trennen Sie bitte den Begriff von demjenigen der Liquidität, denn hier betrachten Sie den Status der Finanzmittel. Haben Sie zum Beispiel einen hohen Umsatz generiert, aber die Verrechnungsstelle hat noch nicht den Betrag überwiesen, dann haben Sie auch kein Geld auf dem Konto, das Ihnen zur Verfügung steht. Wollen Sie jedoch Ihren Erfolg der Apotheke messen, so lösen Sie sich von dem Gedanken, Ihren Kontostand zu beobachten, sondern gehen dazu über, den Gewinn aus der Gewinn- und Verlustrechnung zu betrachten. Der Umsatz hier würde den Gewinn trotzdem erhöhen, auch wenn er noch nicht überwiesen wurde.

Treffen wir folgende Annahme: Sie haben einen Umsatz von 900.000 € erzielt, Wareneinsatz von 702.000 € (78 %) und Ihre Betriebskosten liegen bei 198.000 € (22 %). Innerhalb Ihrer Betriebskosten sind jedoch 6.000 € Abschreibungen.

	Umsatzerlöse	900.000 €
−	Wareneinsatz	702.000 €
=	Rohertrag	198.000 €
−	Betriebskosten	198.000 €
=	Gewinn v. St.	0 €

Auf den ersten Blick fällt also die »schwarze Null« auf. Wir wollen aber die Innenfinanzierungskraft (»Cashflow«) wissen. Wie viel bringen wir wirklich mit ins neue Geschäftsjahr? Wovon könnte nun ein neuer Kühlschrank für die Apotheke gekauft werden? Bei einem zunächst sichtbaren Ergebnis von Null erscheint der Kauf unrealistisch. Aber mit dem Cashflow geht es, denn er berücksichtigt, dass Abschreibungen »fiktiv« sind und keinen Geldabfluss bedeuten. Sie sind innerhalb Ihrer Betriebskosten oben erfasst, so dass letztendlich nicht 198.000 € zahlungswirksam waren, sondern nur 192.000 €.

Ergebnis (nach Steuer)	0 €	
+ Abschreibungen	6.000 €	
= Cashflow	6.000 €	

Obwohl in diesem Fall kein Ergebnis erwirtschaftet worden ist, sind dennoch 6.000 € als Cashflow aus dem Geschäftsjahr übrig. Diese können Sie durchaus verwenden – zu welchem Zweck auch immer. Der vorsichtige Kaufmann sollte sich immer die Abschreibungswerte ansparen, um später reinvestieren zu können. Ihre Innenfinanzierungskraft liegt in diesem Fall bei 6.000 € und nicht bei dem offiziellen Null-Wert, der in der GuV steht. Der Vorteil hier ist sogar, dass keine Einkommensteuer anfallen würde und die Apotheke dennoch einen »Gewinn« erwirtschaftet hat. Daher gelten Abschreibungen auch als für die Apotheke »positiv«, da Sie mit einem Steuervorteil einhergehen.

Für den Cashflow sind verschiedene Berechnungsmöglichkeiten denkbar.

Grundsätzlicher Ansatz:

Cashflow = Periodengewinn/-verlust nach Steuer
+ Aufwendungen, die nicht mit Ausgaben verbunden sind
(z. B. Abschreibungen)
– Erträge, die keine Einnahmen sind (z. B. Aufgelöste Rückstellungen)

Eine Weiterführung dieser Kennzahl ist, wenn Sie über die bisherige Berechnung hinaus noch Bilanzpositionen berücksichtigen.

Periodengewinn/-verlust nach Steuer

+ Aufwendungen, die nicht mit Ausgaben verbunden sind

= Cashflow 1
+/– Bildung oder Auflösung von Rückstellungen
+ Verkauf von Forderungen (Factoring)

= Cashflow 2
+/– Privatentnahmen/-einlagen

= Free Cashflow

Der Free Cashflow wäre der Betrag, den Sie aus eigener Kraft in der neuen Abrechnungsperiode investieren könnten, daher die Bedeutung »Innenfinanzierungskraft« zur Erinnerung.

> Tipp: Der Begriff Cashflow beinhaltet zwar den Begriff »cash« , hat aber zunächst nichts mit Ihrem Kontostand zu tun. Es ist eine Kennzahl, die sich aus der Gewinn- und Verlustrechnung ableitet!

In diesem Zusammenhang sind grundsätzlich drei Begriffe sauber voneinander abzugrenzen:

1. Gewinn/Verlust (vor/nach St.)	2. Liquidität	3. Cashflow
Den **Gewinn/Verlust** erhalten Sie aus der Gewinn- und Verlustrechnung	Die **Liquidität** ist der Stand Ihrer liquiden Mittel (Bank, Kasse) zu einem bestimmten Stichtag und ist aus der Bilanz abzulesen.	Der **Cashflow** ist eine Kennzahl, die berechnet werden muss und (zunächst) aus der Gewinn- und Verlustrechnung abgeleitet wird.

Abb. 13: Abgrenzung Gewinn/Liquidität/Cashflow

Fazit: Bei Apotheken mit geleasten (gemieteten) Anlagegütern oder wenig Investitionen in Anlagen ist der Cashflow von geringerer Bedeutung. Ausnahme entsteht, wenn die Apotheke gekauft wurde und ein (hoher) Firmenwert gezahlt wurde, der abgeschrieben wird. Bei größeren Unternehmen (Filialisierung), die viel in Einrichtung, Immobilien etc. investieren, ist die Differenz zwischen dem ausgewiesenen Gewinn/Verlust und dem Cashflow erheblich größer. Auch das Bilden und Auflösen von Rückstellungen beeinflusst den Gewinn, so dass der Cashflow die Korrektur des Gewinns ermöglicht. Der Cashflow bildet eine wichtige Kennzahl hinsichtlich Ihrer Ertragslage.

3.2.6 Handelsspanne

Die Handelsspanne ist eine Finanzkennzahl im weiteren Sinne, da sie im Zuge der Preiskalkulation verwendet wird. Nachfolgend wird nur der Begriff erklärt, ohne auf weitere Hinweise der Kalkulation einzugehen.

Die »Spannen-Begriffe« werden heute vielfältig eingesetzt und Sie tun gut daran, wenn Sie immer aufs Neue überprüfen, was genau der Kalkulierende betrachtet hat.

- ■ Die »absolute« Spanne wird mit dem Rohertrag gleichgesetzt.

- ■ Die »relative« Spanne wird als Handelsspanne verstanden.

Spanne (in %) = [(Verkaufspreis − Einstandspreis) x 100] ÷ Verkaufspreis

Diese Berechnung bezieht sich auf das Verhältnis zum Verkaufspreis.

Aufschlag (in %) = [(Verkaufspreis – Einstandspreis) x 100] ÷ Einstandspreis

Diese Berechnung bezieht sich auf das Verhältnis zum Einstandspreis.

Beispielrechnung:
- ✓ Die Ware wird effektiv für 100 € eingekauft
- ✓ Die Betriebskosten belaufen sich auf 21 % vom Umsatz
- ✓ Der Gewinnaufschlag berücksichtigt den kalkulatorischen Unternehmerlohn
- ✓ Die Apotheke arbeitet mit einer Kundenkarte (3 % Rabatt auf Frei- und Sichtwahl)

	Wareneinsatz (EK)	100,00 €	
+	Handlungskosten 21 %	21,00 €	
=	Selbstkostenpreis (SK)	121,00 €	neue Basis 100 %
+	Gewinnzuschlag 8 %	9,68 €	
=	Barverkaufspreis (BVK)	130,68 €	neue Basis 100 %
+	Kunden-Rabatt 3 %	5,23 €	
=	Apotheken-VK (netto)	135,91 €	
+	19 % MwSt.	25, 82 €	
=	Apotheken-VK (brutto)	161,73 €	

Aufschlag: 135,91 € – 100,00 € = 35,91 € = 35,91 % Aufschlag auf den EK

Handelsspanne (Rohertrag in Prozent vom Verkaufspreis): 135,91 € = 100 %; 35,91 € = 26,42 %

Merke: Der Aufschlag ist immer eine höhere Prozentzahl als die Spanne, da immer auf eine neue Basis neue Aufschläge kommen.

Beispielrechnung Verkaufspreis:
Verkaufspreis = Einstandspreis x (100 % + Aufschlag in %) ÷ 100
= 100 € x (100 + 35,91) ÷ 100
= 100 € x 135,91 ÷ 100
= 135,91 € VK-netto

Wenn Sie nun den Brutto-VK ermitteln möchten, so sind noch 19 % (bzw. 7 %) zu addieren:
= VK (netto) x 1,19 (bzw. 1,07) = VK (brutto)
= 135,91 € x 1,19
= 161,73 €

Beispielrechnung »absolute« Spanne:

Rohertrag = Umsatz (netto) – Wareneinsatz

Hier: 135,91 € – 100 € = 35,91 € = die »absolute« Spanne

Die Handelsspanne gehört als Begriff zu den ewigen Begleitern der Apotheke. Je höher die Gewinnspanne ist, desto erfolgreicher die Apotheke. In den letzten Jahren wurde von einer durchschnittlichen Handelsspanne von 24 – 26 % gesprochen, wobei Apotheken mit vielen hochpreisigen Rezepten (allein schon rein mathematisch) unter 24 % liegen. Wenn Sie die Handelsspanne positiv beeinflussen wollen, bietet sich an, die Formel im Einzelnen zu betrachten und die Einflussfaktoren auf die einzelnen Größen zu sehen.

Sinnvoller Einsatz im Zuge des Controllings besteht darin, Zielvorgaben zu machen. Wenn z. B. Verkaufsaktionen stattfinden, sollte klar sein, wie viel Mehrverkauf generiert werden muss, um den gleichen Rohertrag zu haben wie vor der Aktion.

Vor der Aktion wäre also zu fragen: Halten Sie dieses Ergebnis für praktisch umsetzbar?

Praxishinweis: In der Regel beschäftigt man sich vorwiegend dann mit Angebotsaktionen, wenn man die Ware entsprechend günstiger eingekauft hat. Hier wird unterstellt, dass der EK identisch bleibt und der VK gesenkt wird. Das wird in der Praxis dann geschehen, wenn Sie schnell auf Mitbewerber reagieren wollen und nicht die Zeit und Möglichkeit haben, die Ware vorher günstiger einzukaufen.

Denksportaufgabe

Sie möchten für einen beliebten Artikel eine Sonderaktion machen. Es stellt sich die Frage, wie viel Mehrverkauf Sie tätigen müssen, um eine Preissenkung von 20 % zu kompensieren, d. h. den ursprünglichen Rohertrag beizubehalten.

Annahmen:
Vor der Preissenkung: EK = 8,20 € ohne MwSt.   VK = 11,48 € ohne MwSt.
Sie verkaufen täglich 30 Packungen
Preissenkung um 20 % = 9,18 € ohne MwSt.

Berechnung:

Rohertrag alt   = VK – EK (alt) x Tagesabsatz
                = 3,28 x 30 = 98,40 €
Rohertrag neu = VK – EK (neu)
                = 0,98 €
Notwendige Gesamtmenge = 98,40 ÷ 0,98 = 100,4 ≈ 101 Packungen

Es müssen also 101 Packungen verkauft werden, um nach der Preissenkung zum gleichen Ertrag zu kommen, also 71 mehr als zuvor.

Zusammenfassende Berechnungsformel:

Notwendiger Neuumsatz = [(Rohgewinn alt / Rohgewinn neu) – 1] x 100 %
[(3,28 / 0,98) – 1] x 100 ≈ **335 %**
30 Pck. x 335 % = 100,5 → 101 Pck.

Gegenprobe:

30 Pck. x 3,28 € = 98,40 € Tages-Rohgewinn
101 Pck. x 0,98 € = 98,98 € Tages-Rohgewinn (Abweichung ergibt sich durch vorheriges Runden)

Die Tabelle zum Mehrumsatz hilft Ihnen, schneller diese Frage zu lösen. Sie benötigen jetzt die errechnete Handelsspanne, um die nachfolgende Tabelle entsprechend lesen zu können. In der Vertikalen lesen Sie die Preisaktion – ausgehend von der Mitte (0 %). In der Horizontalen lesen Sie Ihre Handelsspanne ab.

Tabelle zum Mehrumsatz

		Handelsspanne						
		15%	20%	25%	30%	35%	40%	45%
Preis-erhöhung	30%	33,33	40,00	45,45	50,00	53,85	57,14	60,00
	25%	37,50	44,44	50,00	54,55	58,33	61,54	64,29
	20%	42,86	50,00	55,56	60,00	63,64	66,67	69,23
	15%	50,00	57,14	62,50	66,67	70,00	72,73	75,00
	10%	60,00	66,67	71,43	75,00	77,78	80,00	81,82
	5%	75,00	80,00	83,33	85,71	87,50	88,89	90,00
Jetziges Preis-niveau	0%	100%	100%	100%	100%	100%	100%	100%
Preis-senkung	–5%	150,00	133,33	125,00	120,00	116,67	114,29	112,50
	–10%	300,00	200,00	166,67	150,00	140,00	133,33	128,57
	–15%	nicht mgl.	400,00	250,00	200,00	175,00	160,00	150,00
	–20%	–	nicht mgl.	500,00	300,00	233,33	200,00	180,00
	–25%	–	–	nicht mgl.	600,00	350,00	266,67	225,00
	–30%	–	–	–	nicht mgl.	700,00	400,00	300,00
	–35%	–	–	–	–	nicht mgl.	800,00	450,00
	–40%	–	–	–	–	–	nicht mgl.	900,00
	–45%	–	–	–	–	–	–	nicht mgl.
	–50%	–	–	–	–	–	–	–
	–55%	–	–	–	–	–	–	–
	–60%	–	–	–	–	–	–	–

Beispielaussagen, die sich aus dieser Tabelle ableiten lassen können:

✓ Ein Artikel hat eine Spanne von 25%. Bei einem Preisnachlass von 20% müsste der Umsatz **verfünffacht** werden, um die gleiche Spanne zu halten.

✓ Bei einer leichten Preiserhöhung von 5% kann ich Artikel mit 20% Spanne in geringeren Mengen verkaufen als bisher. Während vorher 10 Artikel verkauft werden mussten, genügen jetzt 8, um die gleiche Spanne zu halten.

✓ »nicht mgl.« bedeutet: Geben Sie an Kunden einen höheren Rabatt, als Sie selbst Spanne haben, so kommen Sie nie in die Gewinnzone.

Nutzen Sie diese Erkenntnisse für den Einsatz der *Mischkalkulation*. Der fehlende Rohertrag im Falle einer Preissenkung muss anderweitig als Kostenblock aufgeschlagen werden. Somit kann über einen Mehrverkauf und die Mischkalkulation eine bessere Kostendeckung erzielt werden. Der alleinige Mehrverkauf zur Kostendeckung ist in der Apotheke unrealistisch.

Die Kalkulation von Preisen hat normalerweise die PKA zu übernehmen. Das Controlling steuert zur besseren Ergebniserzielung Informationen bei, übernimmt jedoch keine Kalkulationsaufgaben.

3.2.7 Ermittlung der Gewinnschwelle: Break-Even-Point (BEP)

Wenn Sie sich in diesem Zusammenhang fragen, wie viel mehr an Packungen Sie verkaufen müssen, um einen gewissen Rohertrag zu erreichen, so sind Sie mit der folgenden Frage auch ganz nah: Wann komme ich mit meinem erzielten Umsatz in die Gewinnzone? Ganz ähnlich kennen Sie die Berechnung im Privaten, wie lange man »für die Steuerzahlung arbeitet und wann endlich für sich«. Die Antwort lautet: ungefähr bis zur 3. Juliwoche. Dann ist die Schwelle erreicht, an der sich die Situation zu Ihren Gunsten wendet. Wie sieht es bei der Apotheke aus?

Die Ermittlung der Gewinnschwelle bietet die Möglichkeit, zu berechnen, bis zu welchem Preis die Apotheke noch im Gewinnbereich arbeitet bzw. beantwortet die Frage, wie viel Umsatz Sie generieren müssen, um in die Gewinnzone zu kommen.

Gewinnschwelle = Absatzmenge bzw. Umsatzgröße, welche die Fixkosten der abgerechneten Periode und die variablen Kosten der abgesetzten Produkte deckt.

Break-Even-Point = Fixkosten ÷ (Verkaufspreis – variable Kosten)
= Fixkosten ÷ Rohertrag

Klären wir zunächst die verwendeten Begriffe in der BEP-Formel:

- *Fixkosten:* Kosten, die unabhängig von der Umsatzhöhe sind, die also auch dann anfallen, wenn die Apotheke geschlossen bleibt (in der Regel alle Kosten außer Warenkosten). Fixkosten gelten meist für eine bestimmte Zeit als konstant. Schmunzelnderweise werden diese auch »Eh-da-Kosten« genannt, da sie ohnehin vorhanden (eh da) sind. Rechnen Sie hier auch den kalkulatorischen Unternehmerlohn mit ein.

- *Variable Kosten:* Kosten, die von der Umsatzhöhe abhängig sind und daher erst mit der Geschäftstätigkeit anfallen. In der Apotheke kann das mit dem Wareneinsatz gleichgesetzt werden. Sich Waren ins Lager zu legen, sind keine Kosten, sondern Lager/Vorrat. Kosten sind es erst mit dem Generieren des Umsatzes (Übergang vom Lager an Kunden).

- *Preis:* In dieser Formel ist damit Umsatz (netto) gemeint.

- *Preis – variable Kosten* = Umsatz – Wareneinsatz = Rohertrag

Beispielrechnung:

Als Rechenbeispiel werden hier die Daten der typischen Apotheke 2013 (Jahresprognose) verwendet. Hier fielen an:

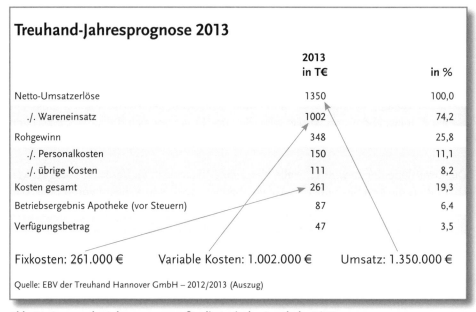

Treuhand-Jahresprognose 2013	2013 in T€	in %
Netto-Umsatzerlöse	1350	100,0
./. Wareneinsatz	1002	74,2
Rohgewinn	348	25,8
./. Personalkosten	150	11,1
./. übrige Kosten	111	8,2
Kosten gesamt	261	19,3
Betriebsergebnis Apotheke (vor Steuern)	87	6,4
Verfügungsbetrag	47	3,5

Fixkosten: 261.000 €   Variable Kosten: 1.002.000 €   Umsatz: 1.350.000 €

Quelle: EBV der Treuhand Hannover GmbH – 2012/2013 (Auszug)

Abb. 14: Auszug der Jahresprognose für die typische Apotheke 2013

BEP = 261.000 ÷ (1.350.000 − 1.002.000)
    = 261.000 ÷ 348.000
    = 0,75

Auswertung: 75 % der Gesamtleistung (Jahresumsatz) müssen erzielt werden, um die Gewinnschwelle zu erreichen. 75 % des Umsatzes aus 2013 (1,35 Mio. €) entsprechen ≈ 1,01 Mio. €. Diesen Wert können Sie nun auf den Monat oder Öffnungstag und sogar auf den einzelnen Mitarbeiter herunterbrechen.

1.012.500 € ÷ 12 Monate = 84.375 € pro Monat
1.012.500 € ÷ 312 Öffnungstage = 3.245 € Tagesumsatz
3.245 € ÷ HV-Kräfte = Tagesumsatz pro HV-Kraft

Bitte beachten Sie, dass wir bei der obigen Berechnung über Vergangenheitswerte sprechen. Wesentlich reizvoller ist die Betrachtung mit Zielwerten, die im Zuge der strategischen Überlegungen für die Apotheke definiert werden. Wenn erstrebenswerte Ziele für das kommende Geschäftsjahr gesetzt wurden (Zielvorgaben), die möglicherweise sogar an Mitarbeiterprämien gekoppelt werden sollen, so berechnen Sie mit diesen Zielwerten den Break-Even-Point. So können unterjährig bei Erreichung auch die Prämien für Mitarbeiter gesteuert werden. Das Controlling leistet dann den permanenten Soll-Ist-Vergleich.

3.2.8 Stücknutzen

Der Stücknutzen ist eine wichtige Kenngröße für die Messung der Rentabilität eines Produktes oder einer angebotenen Dienstleistung für Ihre Apotheke. Er bezeichnet die absolute Differenz zwischen dem Preis, zu dem Sie ein Produkt eingekauft bzw. hergestellt haben, und dem Preis, zu dem Sie es verkaufen (ohne MwSt.). Einfach gesagt ist es der Rohertrag (vor Steuern), den Sie durch den Verkauf einer Packung dieses Produktes erzielen. Anders als bei Marge oder Spanne, die in der Regel in % ausgedrückt werden, handelt es sich beim Stücknutzen immer um einen absoluten Wert in Euro.

Stücknutzen = Verkaufspreis – Einkaufspreis

Wieder spielt bei Apotheken im Rx-Bereich das gesetzliche Kombimodell eine entscheidende Rolle. Da die aufgeschlagenen 8,35 € absolut sind, so sind bei steigenden Umsätzen die Roherträge im Verhältnis immer kleiner. Der absolute Euro-Wert ist natürlich bei den hochpreisigen Arzneimitteln höher. Sie liefern einen höheren Rohertrag pro Stück und somit einen höheren Beitrag zur Kostendeckung.

Abb. 15: Übersicht der Rentabilitätsbegriffe auf Produktbasis

3.2.9 Eigenkapitalquote (EKQ)

Die Kennzahl Eigenkapitalquote dient der *Beurteilung der Sicherheit und Kreditwürdigkeit* der Apotheke. Je höher der Prozentwert, desto günstiger ist die Eigenkapitalsituation der Unternehmung. Hundert Prozent würde bedeuten, dass Sie die Apotheke vollständig aus eigenen Mitteln finanziert haben.

Eigenkapitalquote (%) =   (Eigenkapital ÷ Gesamtkapital) x 100

Beispielrechnung:
Gesamtkapital: Eigenkapitel + Fremdkapital = Gesamtkapital
Gesamtkapital: 80 T € + 200 T € = 280 T €
Eigenkapital: 80 T €

EKQ= (80.000 ÷ 280.000) x 100 = 28,6 %

Auswertung: Für eine Beurteilung, ob das nun ein guter Wert ist oder nicht, wäre ein Vergleich mit anderen Apotheken wichtig. Leider gibt es keine verlässliche Zahl, die für Apotheken veröffentlicht wird. Im allgemeinen Mittelstand wurde 2011 von ca. 15–18 % Eigenkapitalquote gesprochen. Grundsätzlich gilt: Je höher die Eigenkapitalquote, desto kreditwürdiger gelten Sie, da Sie hohe Sicherheiten mitbringen (Eigenkapital). Im Apothekenbereich ist es eher so, dass Neugründungen oder Neueröffnungen mit kaum oder gar keinem Eigenkapital einhergehen und die Banken alles fremdfinanzieren.

Da das Ergebnis nach Steuer das Eigenkapital beeinflusst, wie auch die Privatentnahmen und -einlagen, gilt es einmal im Jahr zu überprüfen, wie sich das Eigenkapital verändert. Werden immer mehr Kredite aufgenommen, so verschlechtert sich das Verhältnis. Im Vordergrund sollte jedoch nicht eine gewisse Prozentzahl als Zielgröße stehen, sondern der sinnvolle Einsatz des Kapitals. Wenn mit den Krediten eine höhere Rentabilität in der Apotheke erwirtschaftet wird, als Zinsen an die Bank zu zahlen sind, so lohnt sich sogar die weitere Aufnahme von Krediten (Leverage Effekt). Stets müssen aber Tilgung und Liquidität gewährleistet sein. Die Höhe der Privatentnahmen muss dringend der wirtschaftlichen Lage angepasst sein. Wenn am Jahresende mehr entnommen wurde, als die Apotheke Gewinn erwirtschaftet hat, so wird das Eigenkapital aufgezehrt und die Quote sinkt entsprechend. Das sind die ersten Warnhinweise auf dem Weg der Insolvenz und das Controlling sollte hier pro-aktiv auf die Entwicklung des Eigenkapitals hinweisen.

3.2.10 Verschuldungsgrad

Der Verschuldungsgrad ist eine Kennziffer für die *Beurteilung der »finanziellen Unabhängigkeit«* der Apotheke. Trennen Sie bitte »Verschuldung« von »Verschuldungsgrad«. Die Verschuldung stellt den absoluten Euro-Wert Ihres Fremdkapitals dar. Der Verschuldungsgrad ist eine Verhältniszahl von Fremd- zu Eigenkapital.

Verschuldungsgrad (%) = (Fremdkapital ÷ Eigenkapital) x 100

Beispielrechnung:
Eigenkapital: 80 T €
Fremdkapital: 200 T €

Verschuldungsgrad (200.000 ÷ 80.000) x 100 = 250 %

Da die meisten Apotheken über mehr Fremd- als Eigenkapital verfügen und bei der Berechnung das Fremdkapital im Zähler steht, ergibt sich zwangsläufig ein Ergebnis weit höher als 100 %. Bei Kreditvergabegesprächen wird ein hoher Verschuldungsgrad aber häufig als ein negatives Zeichen gesehen. Wie könnten Sie hier gekonnt kontern? Warum muss ein hoher Verschuldungsgrad nicht »schlimm« sein? Antwort: Es ist entscheidend, wie rentabel das Geld in der Apotheke arbeitet (Gesamtkapitalrentabilität). Wenn Sie eine höhere GKR erwirtschaften, als Sie Zinsen an die Bank zahlen müssen, dann lohnt sich die Aufnahme von Fremdkapital.

Der Verschuldungsgrad ist einmal im Jahr zu überprüfen. Stellen Sie sicher, dass Ihnen die Ursachen für Veränderungen am Fremd- und Eigenkapital klar sind. Weitere Steuerungsmechanismen sind in diesem Zusammenhang nicht notwendig.

3.2.11 Anlagenintensität

Das Anlagevermögen spiegelt die Werte wider, die längerfristig Ihrer Apotheke dienen sollen. Es ist Ihr Eigentum (Vermögen), das als Sicherheit dient. Bedenken Sie, dass nur gekaufte und nicht geleaste (gemietete) Güter gemeint sind.

Die Kennzahl Anlagenintensität drückt die Relation des Anlagevermögens im Vergleich zum Gesamtvermögen aus:

Anlagenintensität (%) = (Anlagevermögen ÷ Gesamtvermögen) x 100

Beispielrechnung:
Anlagevermögen   60.000 €
Gesamtvermögen   100.000 €

Anlagenintensität = (60.000 ÷ 100.000) x 100 = 60 %

Auswertung: Je höher die Anlagenintensität ist, umso höher ist die Belastung mit fixen Kosten, insbesondere Abschreibungen und Zinsen. Einer hohen Anlagenintensität sollte auch eine adäquate langfristige Finanzierung gegenüberstehen. Andererseits gilt es zu beachten: Wenn Sie nichts an Vermögen besitzen würden und stattdessen alles mieten oder leasen müssten, dann hätten Sie hohe Kosten, die den Gewinn schmälern würden. In Liquiditätsengpässen könnten Sie notfalls nichts verkaufen, um an liquide Mittel zu kommen.

Im Zuge des Controllings wird die Anlagenintensität ebenfalls nur einmal im Jahr errechnet, denn entscheidend ist der Kaufgrund für das Anlagevermögen. Die sich dann ableitenden Abschreibungen und Finanzierungsfragen sind bereits im Vorfeld klar, und wenn dann dennoch der Kauf getätigt wurde, dann sind die operativen Ergebnisse (Kostenersparnis, Umsatzsteigerung, Prozesserleichterung etc.) im Vordergrund und wirken sich (hoffentlich) positiv auf das Ergebnis der Apotheke aus. Zielvorgaben bei der Anlagenintensität sind daher sekundär.

3.2.12 Umlaufintensität
Die Kennzahl Umlaufintensität drückt die Relation des Umlaufvermögens zum Gesamtvermögen aus:

Umlaufintensität (%) = (Umlaufvermögen ÷ Gesamtvermögen) x 100

Beispielrechnung:
Umlaufvermögen   40 000 €
Gesamtvermögen 100.000 €

Umlaufintensität = (40.000 ÷ 100.000) x 100 = 40 %

Das Umlaufvermögen umfasst jedoch das Warenlager, und hier gilt es, auf besondere Lagerwerte zu achten. Lagerkennzahlen werden separat beleuchtet.

Verwandte Kennzahlen sind Forderungs- oder Vorratsintensität, die ebenso als Verhältniskennzahl zum Gesamtvermögen angegeben werden. Je mehr Forderungen Sie haben, umso weniger liquide Mittel stehen Ihnen zur Verfügung. Je mehr Vorrat Sie haben, umso besser Ihre Lieferfähigkeit, aber umso mehr Kapital ist gebunden. Hier gibt es keine pauschale Empfehlung, sondern es muss jeweils die Situation individuell betrachtet werden. Mehr dazu bei Lagerkennzahlen. Ebenfalls sollte grundsätzlich angestrebt werden, Zahlungsziele für Kunden so kurz wie möglich zu halten, um die eigene Liquidität zu stärken.

3.3 Kennzahlen direkt innerhalb der Betriebswirtschaftlichen Analyse (BWA)

Der »BWA«-Begriff ist der gängigste Begriff für die interne Auswertung Ihres Erfolgs (ähnlicher Begriff »IBV« – Interner Betriebsvergleich). In der Regel sind die Vorgehensweisen bei BWA und IBV ähnlich und so wird nachfolgend nur der BWA-Begriff verwendet. In der BWA haben Sie die Möglichkeit, Kennzahlen zu implementieren und somit ganz nah die operative und die gesamte Leistung der Apotheke zu messen. Hier sind jetzt keine Verhältnismäßigkeiten von verschiedenen Größen gemeint, wie bei den zuvor gezeigten Kennzahlen, sondern vielmehr sinnvolle Zwischenergebnisse, die Ihnen eine Aussage über die Ertragsleistung Ihrer Apotheke geben sollen. Wie bereits schon im Zuge des strategischen Managements dargestellt, ist die erstrebenswerte Vorgehensweise zukunftsorientiert statt des retrograden Messens des Erfolgs. Im Zuge des sinnvollen Controllings gilt es, permanente Soll-Ist-Abgleiche zu machen zwischen den im strategischen Management definierten Zielgrößen und den Ist-Werten.

Im ersten Schritt können Sie mit den vergangenheitsgerichteten Zahlen arbeiten und sollten sich zum Ziel setzen, die nachfolgenden Kennzahlen im Sinne der pro-aktiven Steuerung mit den Planwerten zu entwickeln. Controlling bedeutet dann den Abgleich zwischen den Plan- und den Ist-Daten sowie das Ableiten von Maßnahmen. Elementar ist wieder die Einbeziehung des Steuerberaters bzw. der Bereiche, die für die Erstellung der BWA verantwortlich sind. Wenn beispielsweise im Steuerbüro mit Schätzwerten beim Wareneinsatz gearbeitet wird und Sie aber von »echten« Warenkosten ausgehen, werden Ihre Planwerte niemals im Einklang mit den Ist-Werten sein, und die Ergebnisse werden für Sie nicht zufriedenstellend sein. Stimmen Sie sich gegenseitig ab, so dass die berühmten Äpfel mit Äpfeln verglichen und gemessen werden.

Die nachfolgenden Punkte sollten Sie mit Ihrem Steuerberater im Vorfeld klären (Darstellung in der BWA):

✓ Werden Umsätze nach Rx und Non-Rx aufgelistet?

✓ Werden Warenkosten richtig erfasst (Erfassung der effektiven Einkaufskonditionen netto, Verrechnung der Bestandveränderungen, Verrechnung der Bezugskosten, Skonti/Boni erfassen, Wareneinsatz und nicht Wareneinkauf darstellen, Valuta-unabhängig buchen)?

✓ Werden Warenkosten nach Rx und Non-Rx aufgelistet?

✓ Sind Warenkosten frei von Posten, die nicht zum adäquaten Umsatz führen (z. B. Verbundeinkäufe für Partner/Filialen oder Käufe, die als Zugaben kostenlos an Kunden gegeben werden, aber dennoch auf der Lieferantenrechnung stehen)?

✓ Wird der Rohertrag nach Rx und Non-Rx aufgelistet?

✓ Werden Kosten leistungsgerecht gebucht und nicht bei Zahlung (Kosten zwölfteln)?

✓ Finden auch richtige Zuordnungen der Kosten statt, z. B. *alle* personalrelevanten Kosten auch in Personalkosten buchen und nicht z. B. Schulungen in sonstige Kosten buchen?

Beginnen wir mit der Erfolgsmessung und arbeiten die sinnvollen Kennzahlen in der BWA der Reihe nach ab. Grundsätzliche Idee: Von den Einnahmen werden die Ausgaben abgezogen. Dabei konzentrieren Sie sich bitte auf das eigentliche Apothekengeschäft und trennen zwischen tatsächlichen »operativen« Einnahmen und Ausgaben und dem sonstigen Bereich.

Wir beleuchten nachfolgend die »Optimal-Struktur« einer BWA. Bitte bedenken Sie, dass dieses Dokument kein offizielles Formblatt vom Finanzamt ist, sondern frei gestaltbar. Daher handelt es sich um Empfehlungen, die Sie gerne nach Ihren eigenen Vorstellungen anpassen können.

Schema der BWA-Positionen in der Vertikalen

Umsatzerlöse (Gesamtleistung) **1. Kennzahl**
– Wareneinsatz

= **Rohertrag (Aufschlag)** **2. Kennzahl** **3. Kennzahl**
+ Sonstige betriebliche Erträge

= **Betriebsergebnis 1** **4. Kennzahl**
– Betriebskosten (hier zusammengefasst)

= **Betriebsergebnis 2** **5. Kennzahl**
+/–Sonstiges Ergebnis
+/–Finanzergebnis

= **Ergebnis vor Steuer** (vorläufig) **6. Kennzahl**
– Einkommenssteuer (Quartalsvorauszahlung als ein gedrittelter Wert)

= **Ergebnis nach Steuer** (vorläufig) **7. Kennzahl**
– kalkulatorischer Unternehmerlohn

= **Unternehmensergebnis** **8. Kennzahl**

Abb. 16: BWA-Schema/Kennzahlenübersicht innerhalb der BWA

3.3.1 Erste Kennzahl innerhalb der BWA: Gesamtleistung

Die Gesamtleistung ist eine Zwischensumme, die aus unterschiedlichen »Umsatzkategorien« gebildet wird. Es ist eine Position, die in der Gewinn- und Verlustrechnung nicht zu finden ist, weil sie für die Steuerbetrachtung irrelevant ist. Sie ist jedoch für den Apotheker wichtig, weil von diesem Wert die Kosten abgezogen werden. ACHTUNG! Dieser Begriff ist allerdings nur dann sinnvoll, wenn Sie tatsächlich auch verschiedene Umsatzkategorien in der Apotheke haben.

Beispiele für verschiedene Umsatzeinnahmequellen (Umsatzkategorien):

Umsatzerlöse aus Apotheke (Offizin)
+ Umsatzerlöse aus Versand und Internetapotheke
+ Umsatzerlöse mit der GH-Funktion (Großhandel-Funktion)

= Gesamtleistung

Werden verschiedene Umsatzquellen addiert, entspricht es der »Gesamtleistung«. Immer wieder sehe ich in BWAs, dass innerhalb der Gesamtleistung auch sonstige betriebliche Erträge aufgeführt werden. Das ist meiner Ansicht nach nicht empfehlenswert. Messen Sie mit der Gesamtleistung den von Ihnen zu verantwortenden Umsatz. Erzielen Sie darüber hinaus noch weitere Einnahmen, so ist das positiv für das Ergebnis, sollte aber an einer anderen Stelle (sonstiges [betriebliches] Ergebnis) erfasst werden.

Beispielrechnung:
Angenommen, Sie betreiben neben der Hauptapotheke auch eine Versandapotheke, haben aber keine weiteren Aktivitäten (wie z. B. eine GH-Funktion). Die Gesamtumsätze *im gesamten Jahr* betragen 900.000 €. Im Monat Dezember generierten Sie 95.000 €. So kann es beispielsweise en detail wie folgt zusammengefasst werden:

- Umsatz Apotheke p. a.   700.000,- €
- Umsatz Apotheke Dezember   85.000,- €
- Umsatz Versandapotheke p. a.   200.000,- €
- Umsatz Versandapotheke   10.000,- €

Darstellung der Gesamtleistung in der BWA für den Monat Dezember:

Dezember

	2013 Dezember Lfd. Monat %	2013 Jan-Dez kum. %	2012 Jan-Dez Vorjahr kum. %
Umsatzerlöse	85 T €	700 T €	600 T€
Umsatz Versand	10 T €	200 T €	0,– €
= Gesamtleistung	95 T € 100 %	900 T € 100 %	600 T€ 100 %

Die Betriebskosten werden anschließend in der BWA als absoluter Euro-Wert angegeben sowie mit einer Prozentangabe, indem Umsatz 100 Prozent entspricht und die Kosten dann den entsprechenden Prozentanteil angeben (soweit zumindest die häufigste Praxis). Haben Sie immer wieder sehr hochpreisige Medikamente, die Sie abgeben, haben Sie auch einen hohen Umsatz. In dem Fall erscheinen zum Beispiel Personalkosten gering. Haben Sie im nächsten Monat diesen hohen Umsatz nicht, fallen die Personalkosten wieder höher aus. Haben Sie deswegen mehr Stunden gearbeitet? Höhere Gehälter ausgeschüttet? Daher gilt es zu überdenken, ob die traditionelle Angabe der Prozentwerte – orientiert am Umsatz – sinnvoll ist und ob nicht vielmehr diese Prozentangabe analog zum Rohertrag angegeben werden sollte. Dies auch nur dann, wenn zuvor der Wareneinsatz und nicht der Wareneinkauf erfasst worden ist. Eine Zusatzinfo über Hochpreisartikel gehört mit die BWA (zumindest in den Anhang).

Praxistipp: Im Jahr 2012 haben die Apotheken überwiegend ein wirtschaftlich katastrophales Jahr erlebt. Die Rx-Segmente waren sogar teilweise nicht mehr kostendeckend. Daher empfehle ich die Trennung nach Rx und non-Rx in der BWA, so dass Sie später den Rohertrag nach Rx und non-Rx ableiten können.

3.3.2 Zweite Kennzahl innerhalb der BWA: Rohertrag

Der Rohertrag ist mit die wichtigste Größe innerhalb der BWA. Der Rohertrag errechnet sich, indem Sie die Warenkosten vom Umsatz subtrahieren:

Rohertrag = Umsatzerlöse (Gesamtleistung) – Wareneinkauf bzw. Wareneinsatz

Gelingt es Ihnen, Umsätze und Warenkosten nach Rx und non-Rx zu trennen, so weisen Sie den Rohertrag Rx und non-Rx aus. Somit erkennen Sie, wie viel der jeweilige Teil Ihres Umsatzes zum Gewinn beiträgt.

Vom Rohertrag müssen alle weiteren Kosten (= Fixkosten) der Apotheke getragen werden. Ein negativer Rohertrag ist nicht nur ein katastrophales Zeichen für die Apotheke, sondern auch ein wichtiger Hinweis für das Finanzamt. Obwohl die BWA ein internes Dokument für den Apotheker ist, wird das Finanzamt diese Größe überprüfen, wenn Verdacht auf so genanntes Dumping vorliegt. Als Unternehmer betreiben Sie Ihre Apotheke mit einer so genannten »Gewinnerzielungsabsicht«, und das bedeutet, dass Sie bei einem negativen Rohertrag entweder die Waren zu billig verkaufen oder gar verschenken.

Ihr Rohertrag wird ebenfalls verfälscht, wenn Sie Waren im Verbund abgeben und dies nicht separat führen. Beispielsweise an Filialen oder an Apotheker-Kollegen. In diesem Fall würden Sie die Ware nicht zum regulären Verkaufspreis (inkl. Aufschlag) weitergeben, sondern vergünstigt (wahrscheinlich reichen Sie den Einkaufspreis 1:1 weiter). Dies erhöht den Wareneinsatz, aber der Umsatz dazu ist unterproportional, das heißt der Rohertrag sinkt. Stellen Sie in solchen Fällen sicher, dass diese Verbundkäufe in einem separaten Kontenkreis erfasst sind bzw. Kosten für z. B. Taschentücher oder andere Werbeware nicht als Wareneinsatz, sondern als Marketing (Werbekosten) ausgewiesen werden. Helfen Sie der Buchhaltung mit entsprechenden Vermerken auf den Lieferscheinen.

> **Tipp:** Stellen Sie die nachfolgenden Betriebskosten ins Verhältnis zum Rohertrag anstatt zum Umsatz dar. Dies wiederum ist nur mit POS-Systemen sinnvoll.
> Rohertrag = 100 %
> → Wie hoch fallen jeweilige Kostenblöcke dazu im Verhältnis aus?

3.3.3 Dritte Kennzahl innerhalb der BWA: Aufschlag

Der Aufschlag wird häufig direkt als Kennzahl neben dem Rohertrag in der BWA angegeben. Es sagt aus, wie viel Prozent der Rohertrag vom Wareneinsatz ausmacht.

Beispiel:

Aufschlag (%) = (100 ÷ Wareneinsatz) x Rohertrag
Rohertrag = Umsatz – Wareneinsatz

Beispielrechnung:
Umsatz =   100 €
Wareneinsatz =   70 €
Rohertrag = 100 € – 70 € = 30 €
Aufschlag = (100 ÷ 70) x 30 = 42,86 %

Was können Sie nun mit dieser Information anfangen? Aus der BWA erkennen Sie den durchschnittlichen Aufschlag des letzten Monats oder eines kumulierten Wertes (zusammengefasster Zeitabschnitt). Sie können diesen Aufschlag auf den Einkaufspreis aufschlagen, bevor Sie dann weitere Aufschläge (Gewinn etc.) machen.

Gegenprobe:
70 € (EK) x 42,86 % (Aufschlag) = 30,00 €
70 € + 30 € = 100 € (VK)

Wichtig: Sie bekommen noch nicht die Information, ob Sie mit dem Umsatz von 100 € Ihre *gesamten* Kosten decken konnten! Es war lediglich der Verkaufspreis, den Sie Ihren Kunden angeboten haben. Wenn Sie sich z. B. an dieser Stelle einfach am Wettbewerber orientiert haben, kann es sein, dass es seinerseits ein Kampfpreis war und nun bei Ihnen zur Kostenunterdeckung führt. Daher sollten Sie sich stets Ihrer eigenen Preiskalkulation bedienen. Die Kalkulation von Preisen umfasst viele zusätzliche Aspekte, wie z. B. den Wettbewerbspreis. Beschäftigen Sie sich bitte darüber hinaus ausführlich mit den Methoden zur Preiskalkulation in Apotheken.

3.3.4 Vierte Kennzahl innerhalb der BWA: Betriebsergebnis 1

Addieren Sie zum Rohertrag die sonstigen betrieblichen Erträge, so ermitteln Sie den Wert, der zur Kostendeckung in diesem Monat zur Verfügung steht. Dies ergibt natürlich nur Sinn, wenn auch sonstige Erträge generiert wurden. Dies können z. B. Werbekostenzuschüsse der Lieferanten sein, die tatsächlich überwiesen wurden und nicht in Form der Preisminderung mit der Ware verrechnet werden. Weitere sonstige betriebliche Erträge können z. B. eingenommene Mahngebühren oder Einnahmen aus Verträgen sein. Entscheidend ist der operative Charakter (apothekennah) dieser Einnahme.

Betriebsergebnis 1 = Rohertrag + sonstige betriebliche Erträge

3.3.5 Fünfte Kennzahl innerhalb der BWA: Betriebsergebnis 2

Betriebsergebnis 2 = Betriebsergebnis 1 − Betriebskosten

Ziehen Sie vom Betriebsergebnis 1 die Betriebskosten ab, haben Sie einen Wert, der die reine Apothekentätigkeit spiegelt. Das ist Ihr eigentliches operatives Ergebnis und ein sehr wichtiger Wert für Ihre Apotheke. Zu den Betriebskosten zählen hauptsächlich:

■ Personalkosten,

■ Raumkosten,

■ Marketing/Werbekosten,

■ Abschreibungen,

■ Sonstige *betriebliche* Kosten,

■ PKW/Leasing.

Die Position »sonstige betriebliche Aufwendungen/Kosten« ist dafür gedacht, dass Sie kleinere und vor allem sehr unterschiedliche Ausgaben zusammenfassen können und nicht jede kleine Position separat auflisten müssen. Es ist eine gern genutzte Position, die Zeitersparnis bringt. Bitte beachten Sie aber, dass es sich wirklich nur um kleine und vor allem verschiedene Posten handelt. Sonst entsteht hier eine große »Blackbox«, die Sie später wieder aufzuschlüsseln versuchen. Diese Kosten sollen zusätzlich den apothekennahen (operativen) Charakter haben, wie z. B. Versicherungen, Reinigung, Steuerberater oder Gewerbesteuer.

Bitte buchen Sie die vor allem unregelmäßig anfallenden Kosten als gezwölftelte Werte in die BWA und nicht (erst) bei Zahlung. Ihr Umsatz wird schließlich auch dann in die Monate gebucht, wenn Sie die Leistung erbracht haben, und nicht, wenn im Folgemonat die Verrechnungsstellen oder Kreditkarteninstitute die Gelder überweisen.

Kalkulatorische Kosten, wie z. B. kalkulatorische Miete, heißen daher »kalkulatorisch«, da sie nicht tatsächlich anfallen (weil Sie die Apotheke in eigenen Räumlichkeiten betreiben und Sie sich selbst keine Rechnung dafür ausstellen dürfen) und nur gedanklich eine Rolle spielen. Als vorsichtiger Kaufmann bedenken Sie dies. Es ist nicht notwendig, diese Kosten in die BWA mit aufzunehmen, sie müssen aber im Zuge der Preiskalkulation berücksichtigt werden. Wenn Sie z. B. den Standort verlagern und dann Miete zahlen müssen, so haben Sie weniger Gewinn, wenn Sie die Preise nicht anheben. Als vorsichtiger Kaufmann ist Ihnen diese Tatsache bewusst und Sie preisen die Miete schon ein, als wäre es ein echter Kostenblock. Dies geschieht jedoch im Zuge der Preiskalkulation und nicht innerhalb der BWA.

Das Betriebsergebnis wird manchmal auch als »Ergebnis der gewöhnlichen Geschäftstätigkeit« bezeichnet. Man geht davon aus, dass bis zum jetzigen Punkt alles Apothekenspezifische berücksichtigt wurde. Sinnvoll ist ebenfalls die Bezeichnung »operatives Geschäft«, solange die »Sonstigen« Kosten und Erträge (»sonstiger Charakter«) nachfolgend aufgelistet werden und nicht innerhalb der Betriebskosten bzw. Gesamtleistung stehen. Häufig hört man auch an dieser Stelle vom Ergebnis aus dem »Kerngeschäft«.

Zusammenfassung:

Umsatzerlöse
− Wareneinsatz

= Rohertrag
+ Sonstige betriebliche Erträge

= Betriebsergebnis 1
− Betriebskosten (hier zusammengefasst, inkl. AfA!)

= Betriebsergebnis 2

3.3.6 Sechste Kennzahl innerhalb der BWA: Ergebnis vor Steuer

Schreiten Sie in der BWA voran, indem Sie nun vom Betriebsergebnis 2 das Sonstige Ergebnis und das Finanzergebnis subtrahieren bzw. im Falle der positiven Salden addieren.

3.3.6.1

Sonstiges Ergebnis = sonstige Erträge − sonstige Aufwendungen

Neben den sonstigen »betrieblichen« Kosten gibt es weitere Kosten, die aber keinen unmittelbar betrieblichen Charakter haben, z. B. Spenden an einen Kindergarten. Umgekehrt erhalten Sie auch gelegentlich Gelder, die aus Nebenschauplätzen entstehen. Beispielsweise ist Ihnen in der Apotheke ein Schaden entstanden und die Versicherung zahlt ihn aus. Alles zusammen soll also den so genannten *sonstigen* Charakter haben. Im Zuge des Controllings kann diese Position auf der Prioritätenliste eher in den Hintergrund treten. Überprüfen Sie halbjährig, was hinter diesen Positionen verbucht wurde und wie sich die Kosten entwickeln; das ist absolut ausreichend.

3.3.6.2

Finanzergebnis = Zinserträge − Zinsaufwendungen

Im Finanzergebnis werden hauptsächlich die Zinsen berücksichtigt – sowohl Zinsen, die Sie auf Guthaben (= Zinserträge) erhalten, als auch Zinsen, die Sie für Kredite zahlen müssen (= Zinsaufwendungen). Bitte beachten Sie, dass es sich hier ausschließlich um Zinsen handelt, die im Zusammenhang mit der Apotheke stehen. Die BWA zeigt nicht die Finanzsituation des Apothekers als Privatperson an. Denkbar sind hier auch die Verbuchung von Beteiligungen (z. B. Anteile an Großhandlungen) und daraus eventuelle Ausschüttung von Dividenden.

Umsatzerlöse
− Wareneinsatz

= Rohertrag
+ Sonstige betriebliche Erträge

= Betriebsergebnis 1
− Betriebskosten (hier zusammengefasst)

= Betriebsergebnis 2
+/−Sonstiges Ergebnis
+/−Finanzergebnis

3.3.6.3

Ergebnis vor Steuer wird häufig als »Ergebnis der gewöhnlichen Geschäftstätigkeit« bezeichnet. Ich halte das an der Stelle allerdings nicht für richtig. »Gewöhnlich« liegt dem »Betrieblichen« nahe und somit ähnelt es vom Klang her dem Betriebsergebnis. Da aber zwischenzeitlich sowohl das »Sonstige Ergebnis« als auch das Finanzergebnis erfasst wurden, hat dieses Zwischenergebnis nichts mehr mit der gewöhnlichen Geschäftstätigkeit zu tun, sondern umfasst alle angefallenen Aufwendungen und Erträge.

Umsatzerlöse
– Wareneinsatz

= Rohertrag
+ Sonstige betriebliche Erträge

= Betriebsergebnis 1
– Betriebskosten (hier zusammengefasst)

= Betriebsergebnis 2
+/–Sonstiges Ergebnis
+/–Finanzergebnis

= Ergebnis vor Steuer (vorläufig)

Ich erlebe leider zu oft, dass beim Ergebnis vor Steuer viele BWAs zu Ende sind. Möglicherweise folgen noch einige Kennzahlen sowie Kontennachweise, aber die Erfolgsmessung im eigentlichen Sinne wird mit dieser Position beendet. Da die effektive Steuerzahlung erst am Jahresende im Zuge des Jahresabschlusses ermittelt wird, wird der Begriff »Ergebnis nach Steuer« unterjährig zu selten dargestellt.

Mit dem Ergebnis vor Steuer wird jedoch nicht der Erfolg der Apotheke als ganze Unternehmung gemessen. Das ist vor allem historisch bedingt. Zu Zeiten, als es den Apotheken wirtschaftlich besser ging, war es ausreichend, das Ergebnis nur bis zu dieser Erfolgsstufe zu messen. Wurden noch Steuern gezahlt und hat der Inhaber sich noch seinen »Lohn« entnommen, blieb immer noch genug übrig, um zum Beispiel tilgen zu können oder Investitionen zu tätigen. Unter moderner Unternehmensführung in der Apotheke verstehe ich nicht die Messung des persönlichen Erfolgs des Inhabers, sondern den der Apotheke. Daher sollte innerhalb der BWA noch weitergegangen und das Ergebnis betrachtet werden, nachdem Steuern gezahlt wurden und sich der Inhaber seinen (kalkulatorischen) Lohn ausgeschüttet hat (= Unternehmensergebnis).

3.3.7 Ergebnis nach Steuer

Das Ziel ist das Messen des Apothekenerfolges (= Unternehmensergebnis) und hierfür sind Steuerzahlungen zu berücksichtigen. Allerdings soll die Angabe nur als Zwischenstufe dienen (der Weg ist das Ziel).

Umsatzerlöse
- Wareneinsatz

= Rohertrag
+ Sonstige betriebliche Erträge

= Betriebsergebnis 1
- Betriebskosten

= Betriebsergebnis 2
+/-Sonstiges Ergebnis
+/-Finanzergebnis

= Ergebnis vor Steuer (vorläufig)
- Einkommenssteuer (Quartalsvorauszahlung als ein gedrittelter Wert)

= Ergebnis nach Steuer (vorläufig)

3.3.8 Unternehmensergebnis

Nur wenn die Apotheke einen Gewinn erwirtschaftet, kann der Inhaber eine Entnahme tätigen. Natürlich kann er auch eine Entnahme machen, wenn er einen Verlust erwirtschaftet hat. In dem Fall müssen aber noch genügend eingebrachtes Kapital und liquide Mittel vorhanden sein. Das ist aber hier nicht gemeint. Es gilt zu betonen, wie erfolgreich die Apotheke ist und *nicht der Inhaber*. Es ist einzig und allein der Rechtsform zu verdanken, dass der Inhaber sich kein Gehalt ausbezahlt, das dann unter den Personalkosten erfasst wird und sich gewinnmindernd auswirkt. Wäre die Apotheke eine GmbH, so würde sich der Inhaber ein (gewinnminderndes) Geschäftsführergehalt ausbezahlen. Nur in der BWA haben Sie die Möglichkeit, zu messen, wie viel vom Ergebnis übrig bleibt, nachdem Sie sich Ihr faires Gehalt (kalkulatorischer Unternehmerlohn) angesetzt haben. Das Unternehmensergebnis zeigt also den finalen Erfolg der Apotheke.

Umsatzerlöse
− Wareneinsatz

= Rohertrag
+ Sonstige betriebliche Erträge

= Betriebsergebnis 1
− Betriebskosten

= Betriebsergebnis 2
+/−Sonstiges Ergebnis
+/−Finanzergebnis

= Ergebnis vor Steuer (vorläufig)
− Einkommenssteuer (Quartalsvorauszahlung als ein gedrittelter Wert)

= Ergebnis nach Steuer (vorläufig)
− kalkulatorischer Unternehmerlohn

= Unternehmensergebnis

Tipp: Gehen Sie bei der Findung des richtigen kalkulatorischen Unternehmerlohns so vor, dass Sie zunächst die eigenen Grenzen nach unten (worst-case) und oben (best-case) hin finden. Die »goldene Mitte« wird es dann sein. Wichtig ist, dass Sie sich Ziele setzen und auf diese hinarbeiten. Wenn Sie in dem vergangenen Jahr die Summe Ihrer Privatentnahmen betrachten, können Sie einen Rückschluss ziehen, ob das nur die absolut notwendige Menge war oder ob Sie davon »gut« leben konnten. Wurden mit diesen Privatentnahmen Kredittilgung, Bildung von Rücklagen, Reinvestitionen, Steuerzahlung und die eigene Sozialabsicherung getätigt? Wenn Sie dies mit »ja« beantworten konnten, dann scheint dies Ihr »fairer« kalkulatorischer Unternehmerlohn zu sein. Wenn Sie hier noch Lücken sehen, berechnen Sie, was Ihnen noch fehlt und setzen sich erstrebenswerte Ziele für die kommenden Jahre!

Viele Steuerberater setzen diese Größe so an, dass es dem Wert für eine Vertretung des Inhabers entspricht. Das kann meines Erachtens aber nur der Mindestwert sein. Hier geht es um Ihre Wertigkeit als Chef mit entsprechender Erfahrung und Verantwortung (Haftung) etc.

3.3.9 Verfügungsbetrag

Verfügungsbetrag = Ergebnis nach Steuer – sonstige Verpflichtungen des Inhabers

Aufgrund der Gesellschaftsform muss der Apotheker berücksichtigen, dass vom Ergebnis nach Steuer noch der Solidaritätszuschlag, (private) Krankenkasse, Versorgungswerk etc. zu bezahlen sind. Werden dem Steuerberater diese Verpflichtungen mitgeteilt, kann er dies zusätzlich berücksichtigen (in der Regel liegen ihm diese Daten über die Bankbelege vor). Wenn Sie zusätzlich monatliche Tilgung leisten, bitte ebenfalls subtrahieren. Der Verfügungsbetrag wäre zu vergleichen mit dem Netto-Gehalt eines Angestellten (vor Tilgung).

Beispielrechnung:
Verfügungsbetrag im Jahr 2010

Ergebnis vor Steuer	75,3 T €
– Einkommensst. und Soli	22,8 T € (ca. 30,2 %)
+ Gew.St-Anrechnung (§ 35 EStG)	7,6 T € (ca. 10,1 %)
– Apotheker-Versorgung, KV	21,0 T € (ca. 27,9 %)
= Verfügungsbetrag p.a.	39,1 T €

Quelle: Treuhand Hannover

Der Verfügungsbetrag lag 2012 bei ca. 33 T €. Diese Darstellung berücksichtigt nicht die Tilgung von Krediten oder Bildung von Rücklagen. Für 2013 wird ein Verfügungsbetrag in Höhe von 47 T€ prognostiziert.

Die oben beschriebene Berechnung entspricht der brancheneigenen Vorgehensweise. Ich empfehle zusätzlich die Berechnung des Verfügungsbetrags anhand des Cashflows – ein Wert, der das Ergebnis nach Steuer um die Abschreibungen korrigiert (und um alle weiteren Werte, die nicht zahlungsrelevant waren). Werden vom Cashflow die »privaten« Verpflichtungen des Inhabers abgezogen, so entsteht der Wert der tatsächlichen Finanzierungskraft. Hierbei sollte immer bedacht werden, dass die Abschreibungen zunächst für Reinvestitionen eingeplant werden sollten und an zweiter Stelle als weitere freie liquide Mittel verstanden werden sollen. Dennoch kann (im Notfall) der Inhaber auf die AfA-Werte zurückgreifen.

Fazit: Controlling und die BWA

Die bisherige Betrachtung der Kennzahlen innerhalb der BWA ist sicherlich für jeden Inhaber/Verantwortlichen sehr vertraut und »täglich Brot«. Wie kann hier dennoch durch Controlling eine Effizienzsteigerung erzielt werden? Ich empfehle die Aufnahme der Soll/Plan-Werte mit in die BWA. Solange es bei der reinen retrograden Betrachtung der Kennzahlen bleibt, ist pro-aktives Controlling wenig möglich. Im Zuge des strategischen Managements sind Zielwerte zu definieren und das Controlling steuert die Ergebnisse.

	Ist-Wert in € in %	Plan-Wert in € in %	Ist-Wert kum. in € in %	Plan-Wert kum. in € in %
Umsatzerlöse				
− Wareneinsatz				
= **Rohertrag**				
− Betriebskosten				
= **Betriebsergebnis**				
+/− Sonstiges Ergebnis				
+/− Finanzergebnis				
= **Ergebnis vor Steuer**				
− E.St.				
= **Ergebnis n. St.**				
− Kalk. U'lohn				
= **Unternehmensergebnis**				

Abb. 17: Matrix zur Planung des Geschäftsverlaufes

3.4 Personalkennzahlen (Personalcontrolling)

Die Höhe Ihrer Personalkosten entnehmen Sie der Gewinn- und Verlustrechnung bzw. Ihrer BWA für eine monatliche Betrachtung. Ein effizientes Personalcontrolling setzt voraus, dass Sie Ihr Personal (in Verbindung mit den notwendigen Arbeiten in der Apotheke) gut einschätzen, beurteilen und planen können. Dabei sind nicht nur vergangene Kosten relevant, sondern auch die prognostizierten. Reden Sie mit Ihrem Personal nicht nur als Chef/Controller, sondern auch als Coach, der »auf der Seite der Mitarbeiter steht«. Haben Sie ausreichend Kenntnisse über geplante Renteneintrittsgrenzen, Schwangerschaften oder sonstige »Auszeiten«? Stehen Jubiläen an oder enden Ausbildungen? Welche Arbeitsverträge laufen aus? Wie ist die Stimmung der Mitarbeiter untereinander? Dieser Abschnitt soll nicht nur rein rechnerisch gesehen werden, sondern auch an Sie als Führungskraft appellieren. Es ist jede Planung sinnlos, wenn auf das Personal kein Verlass ist, starke Fluktuation herrscht und die Mitarbeiter demotiviert (und dadurch krank) sind. Daher ist die Basis der Planung der richtige Kontakt und eine entsprechende Personalführung. Nachhaltiger Erfolg der Apotheke beginnt mit dem richtigen Personaleinsatz und motiviertem Personal.

Spezielles Controlling im Personalwesen konzentriert sich auf die Beurteilung, wie bestimmte Tätigkeiten ablaufen, wie sie zu optimieren wären und ob sie sich überhaupt lohnen. Dazu gehört vor allem der Botendienst, Warenlagerpflege oder z. B. das Verblistern.

Aufgabe vorweg: Stellen Sie sicher, dass Ihre Personalkosten richtig zusammengefasst sind und auch als solche gekennzeichnet/gebucht sind. Sehr häufig werden unter Personalkosten nur Bruttogehälter und Sozialabgaben zusammengefasst, und weitere Personalkosten, wie z. B. Schulungen, werden unter sonstigen Kosten verbucht. Hier besteht die Notwendigkeit der korrekten Zuordnung. Wenn Sie z. B. eine Dienstleistung vergleichen, um sie eventuell outsourcen zu wollen, ist es wichtig zu wissen, wie hoch tatsächlich Ihre Ausgaben für Personal sind. Stellen Sie nur einen Teil der Personalkosten ins Verhältnis zu dem externen Angebot, werden Sie mit der eigenen Leistungserbringung möglicherweise günstiger sein. Wären Sie es auch, wenn Schulungen, Weihnachtsfeier, Prämien, Lohnfortzahlung, betriebliche Altersvorsorge etc. ebenfalls berücksichtigt worden wären?

3.4.1 Personalleistung

Personalkosten bilden in der Apotheke in der Regel nach den Warenkosten den nächst höchsten Kostenblock. Daher gilt es, auf Effizienz im Personaleinsatz besonders zu achten. Die Personalleistung drückt die Effizienz der menschlichen Arbeitskraft aus.

Personalleistung = Umsatz ÷ Vollzeitkräfte (FTE)

FTE = Full time equivalent; zeigt die »Manpower« anstatt der »Köpfe« an. Beispielsweise haben Sie fünf Mitarbeiter, davon aber zwei Halbtagskräfte. So hätten Sie zwar fünf Mitarbeiter, aber vier FTEs.

Beispielsrechnung:
Umsatzerlöse: 900 T €
Anzahl Vollzeitkräfte: 3
Anzahl Halbtagskräfte: 2

Personalleistung = 900.000 ÷ 4 = 225.000

Auswertung: Hätten Sie drei FTEs, erzielen aber den gleichen Umsatz, so läge die Personalleistung bei 900.000 ÷ 3 = 300.000. Sie hätten bei drei Vollzeitkräften weniger Personalkosten und offensichtlich ein Personal, das sehr effizient arbeitet und Umsatz stark forciert. Verbesserung der Personalleistung erreichen Sie durch eine Verringerung des Personalbestandes oder/und Umsatzsteigerung mit gleichem Personaleinsatz.

Im Zuge des Controllings wird diese Größe einmal im Jahr betrachtet, da es in der Apotheke wichtiger ist, Personal anhand des Arbeitsaufwands einzusetzen statt analog zur Personalleistung. Dennoch erhalten Sie folgende Aussage: Je höher die Personalleistung, desto geringer die Belastung mit Personalkosten. Erstrebenswert ist es, die Fixkosten so gering wie möglich zu halten. Hier spielt die Philosophie des Inhabers eine wichtige Rolle. Je stärker Sie Ihre Apotheke als Beratungsstelle sehen und soziale Kontakte und Kundenpflege fokussieren, umso mehr Personal ist in Gesprächen eingebunden. Es ist dann wichtig, ob es einfach nur lange Gespräche waren, bei denen sich der Kunde ausgesprochen hat oder ob es sich tatsächlich um Beratung gehandelt hat. Ging damit ein Zusatzumsatz (Therapieergänzung) einher? Hier hat sehr häufig das Apothekenpersonal eigene pharmazeutische Moralvorstellungen und daher sollte das Controlling sehr sensibel im Umgang mit diesen Kennzahlen sein. Der Inhaber soll klare Vorgaben machen, was wichtig ist. Gegebenenfalls werden Personalkosten überhaupt nicht in die Betrachtung genommen, sondern nur am Jahresende als Gesamtsumme zur Kenntnis genommen. Es gilt ebenfalls zu beachten, dass bei einer Filialapotheke die Kosten für die Filialleitung in den Personalkosten inbegriffen sind und daher die Werte bis zu 30 % höher sein können. Anders herum: Arbeitet der Inhaber übermäßig mit und spart damit enorm Personal ein, erscheinen die Personalkosten gering. Auch hier ist die Kennzahl an sich positiv. Nur mit welchen Konsequenzen ist möglicherweise mittel- und langfristig zu rechnen (Selbstausbeutung, Burnout)? Arbeiten Sie über mehrere Standorte mit »Springern«, so gilt der Arbeitsaufwand auch den jeweiligen Standorten zuzuordnen.

3.4.2 Ertragsleistung (Unternehmer)

Hier erhalten Sie annähernd die Stundenleistung des Inhabers, vorausgesetzt, Sie setzen die Arbeitsstunden ehrlich an. Die Praxis zeigt, dass Inhaber oft noch viele Stunden in der freien Zeit mit Managementtätigkeiten verbringen. Auch die Teilnahme an Seminaren oder das Lesen dieses Buches ist Arbeitszeit. Selbstständigkeit leitet der Volksmund von »selbst« und »ständig« ab, tatsächlich gilt es aber die Balance zu finden zwischen dem tatsächlichen Arbeitsaufwand für die Apotheke und natürlichem Engagement als Inhaber. Gehen Sie da fair und ehrlich vor.

Ertragsleistung Inhaber = Unternehmensergebnis ÷ Arbeitsstunden Inhaber

3.4.3 Personalkostenanteil vom Umsatz/Rohertrag (Personalleistung)

Bilden Sie nun das Verhältnis zwischen Personalkosten und einer Basis (Umsatz oder besser (s. o.) Rohertrag = 100 %).

Personalleistung (%) = (100 x Personalkosten) ÷ Umsatzerlöse
bzw. Personalleistung (%) = (100 x Personalkosten) ÷ Rohertrag

Beispielrechnung:
Umsatzerlöse: 900 T €
Personalkosten: 90 T €
Personalleistung = (100 x 90.000) ÷ 900.000 = 10 %

Auswertung: Die ABDA veröffentlichte im Jahr 2011, dass Deutschlands Apotheken 10 bis 12 % Personalkosten (im Verhältnis zum Umsatz) haben. Für 2013 werden ca. 11 % bei der typischen Apotheke erwartet. Sehr erfolgreiche Apotheken erzielten 8 %. Lassen Sie sich jedoch nicht zu sehr von diesen durchschnittlichen Angaben leiten. Der Inhaber fließt mit seinem kalkulatorischen Unternehmerlohn *nicht* in die Personalkosten mit ein. Wenn er also 70 bis 80 Stunden in der Woche arbeiten sollte und das restliche Personal beispielsweise aus Aushilfskräften besteht, dann sind in dieser Apotheke automatisch niedrige Personalkosten und daraus abgeleitete niedrige Prozentwerte. Die Frage ist, wie erstrebenswert diese Situation ist und wie lange so ein Zustand für den Inhaber auszuhalten ist. Ziel sollte es doch eher sein, immer weniger arbeiten zu müssen und ein tolles Personal zu haben, auf das man sich verlassen kann.

Als Verkaufsargument für Kommissionierautomaten gilt das Versprechen, mittel- und langfristig Personal(-kosten) einzusparen. Diese Erfahrung mache ich eher selten, daher fließen hierzu keine weiteren Überlegungen mit ein. Das Personal wird teilweise anders eingesetzt, aber Kosten werden kaum gespart. Wichtig ist in dem Zusammenhang, dass die freien Kapazitäten möglichst in Mehreinnahmen umgewandelt werden, indem das Personal beispielsweise jetzt mehr Zeit für Zusatzverkauf hat.

Erneut – und bei allen Verhältniszahlen zum Umsatz – weise ich darauf hin, die Berechnung analog auch zum Rohertrag vorzunehmen. Sie werden Benchmark-Zahlen vorwiegend im Verhältnis zum Umsatz finden, daher kommen Sie sehr wahrscheinlich auch zu dieser Berechnung, aber sinnvoller ist die Messung zum Rohertrag. Schaffen Sie sich Ihre eigenen Vergleichswerte über die Jahre hinweg und lösen Sie sich von dem Druck des Sich-vergleichen-wollens.

Personallohn*neben*kosten (in Prozent)

Bitte verwechseln Sie diese Prozentangabe nicht mit den zuvor verwendeten Prozentwerten. Bislang waren Umsatz oder Rohertrag die Basis, hier sind es die Bruttogehälter. Sie messen, wie hoch Ihre weiteren Personalausgaben sind. Alles steht und fällt wieder mit der genauen Verbuchung der Personalkosten. Stellen Sie sicher, dass Ihnen alle Ausgaben fürs Personal bekannt sind und trennen Sie nach gesetzlichen, tariflichen und freiwilligen Ausgaben. Die Bandbreite der Personallohnnebenkosten in einer Apotheke liegt zwischen 33 und 45 %. Hiervon sind ca. 20 % die gesetzlichen Anteile. Interessant bei der Betrachtung ist vor allem die Trennung nach Bruttogehältern, die sich aus Arbeitsverträgen ableiten, und den – vor allem – freiwilligen Leistungen, die der Inhaber in das Personal »investiert«. Je qualifizierter und engagierter das Personal, umso mehr sind im Vorfeld Kosten für Schulungen und Motivation angefallen. Auch die regionale Arbeitsplatzsituation spielt eine Rolle. Je größer der Mangel an Fachkräften, umso mehr möchten Sie gutes Personal halten und bieten weitere Anreize für Mitarbeiter an. Daher ist wieder der Vergleich mit anderen Apotheken nicht sinnvoll. Das Controlling hat nur für den klaren Überblick der eigenen Zahlen zu sorgen und Veränderung aufzuzeigen.

3.4.4 Personalkosten pro Stunde

Dieser KPI wird benötigt, um Prozesse (z. B. Botendienst), Dienstleistungen (z. B. Vorträge) oder konkrete Tätigkeiten (z. B. Herstellung von Rezepturarzneimitteln, Beratung bei Kosmetika etc.) zu beurteilen. Es ist notwendig, die jeweiligen Personalkosten den Arbeitsschritten zuzuordnen und neben weiteren Kosten, wie z. B. Materialkosten, den Prozess zu bewerten. Die Praxis zeigt, dass es schwierig ist, Aufgaben voneinander zu trennen und zeitlich zu erfassen. Oft werden mehrere Aufgaben gleichzeitig gemacht oder zum Beispiel Tätigkeiten in der Rezeptur unterbrochen, weil Personal in der Offizin benötigt wird. Bisher werden daher eher pauschale Angaben gemacht. Gelingt es dem Apotheker aber, die Leistung der Mitarbeiter genau zu dokumentieren (was wurde wie lange gemacht), lassen sich die angefallenen Personalkosten auch diesen Aufgaben zuordnen. Helfen Sie sich bei der Planung des Personals mit Vorgaben, die schnell und übersichtlich die Arbeitszeit darstellen. Im Zuge der Implementierung von QM in Apotheken haben Sie sich sicherlich bereits damit beschäftigt, die Hauptprozesse zu definieren und diese mit zeitlichen Vorgaben festzuhalten. Das Controlling leistet hier entscheidende Hilfe.

Bundesland	Jahr[1]	entfallen[2]	Jan.	Feb.	März	April	Mai	Juni	Juli	Aug.	Sep.	Okt.	Nov.	Dez.
Baden-Württemberg	250	11	22	20	20	21	19	20	23	22	21	22	20	20
Bayern ohne Mariä Himmelfahrt	250	11	22	20	20	21	19	20	23	22	21	22	20	20
Bayern mit Mariä Himmelfahrt	249	12	22	20	20	21	19	20	23	21	21	22	20	20
Bayern (nur Augsburg)	248	13	22	20	20	21	19	20	23	20	21	22	20	20
Berlin	252	9	22	20	20	21	20	20	23	22	21	22	21	20
Brandenburg	251	10	22	20	20	21	20	20	23	22	21	21	21	20
Bremen	252	9	22	20	20	21	20	20	23	22	21	22	21	20
Hamburg	252	9	22	20	20	21	20	20	23	22	21	22	21	20
Hessen	251	10	22	20	20	21	19	20	23	22	21	22	21	20
Mecklenburg-Vorpommern	251	10	22	20	20	21	20	20	23	22	21	21	21	20
Niedersachsen	252	9	22	20	20	21	20	20	23	22	21	22	21	20
Nordrhein-Westfalen	250	11	22	20	20	21	19	20	23	22	21	22	20	20
Rheinland-Pfalz	250	11	22	20	20	21	19	20	23	22	21	22	20	20
Saarland	249	12	22	20	20	21	19	20	23	21	21	22	20	20
Sachsen ohne Fronleichnam	250	11	22	20	20	21	20	20	23	22	21	21	20	20
Sachsen mit Fronleichnam	249	12	22	20	20	21	19	20	23	22	21	22	20	20
Sachsen-Anhalt	251	10	22	20	20	21	20	20	23	22	21	21	21	20
Schleswig-Holstein	252	9	22	20	20	21	20	20	23	22	21	22	21	20
Thüringen ohne Fronleichnam	251	10	22	20	20	21	20	20	23	22	21	21	21	20
Thüringen mit Fronleichnam	250	11	22	20	20	21	19	20	23	22	21	21	21	20

Hinweise zu „Arbeitstage 2013"
1 Anzahl der Arbeitstage Montag bis Freitag pro Jahr je Bundesland.
2 Durch Feiertage entfallene Arbeitstage.

Abb. 18: Anzahl der Arbeitstage 2013 pro Monat in Deutschland je Bundesland
Quelle: http://www.schnelle-online.info/Arbeitstage/Anzahl-Arbeitstage-2013.html, 27.3.2013

So ermitteln Sie Ihre effektive Arbeitszeit pro Mitarbeiter:

Mit einer tariflichen Wochenarbeitszeit von 40 Stunden (gültige Tarifabschlüsse be-achten) und 52 Wochen im Jahr kommen Sie auf die Jahresarbeitszeit, die jedoch rein theoretisch ist. Für die Berechnung der Kennzahlen sollte möglichst die effektive Arbeitszeit herangezogen werden, das bedeutet, abzüglich Feiertage, Urlaub (ca. 33 Werktage), Krankheit (statistisch ca. 9 Tage), Fortbildung und sonstiger Abwesenheit. Mit der neuen Apothekenbetriebsordnung aus dem Jahr 2012 wird die Qualifizierung von Mitarbeitern stärker gewertet und daher ist auch mit höherem Schulungsaufwand zu rechnen. Je nach Bundesland und Standort fallen die Werte unterschiedlich aus und daher wird hier mit einer Annahme von ca. 1.688 Stunden (Vollzeitstelle) gerechnet.

Bruttogehalt im Monat	Personallohn-nebenkosten	Anzahl Gehälter	Effektive Stunden p.a.	Personal-kosten p. h.	Personal-kosten p. min.
1.500,00 €	35 %	13	1688	15,60 €	0,26 €
2.000,00 €	35 %	13	1688	20,79 €	0,35 €
2.500,00 €	35 %	13	1688	25,99 €	0,43 €
2.800,00 €	35 %	13	1688	29,11 €	0,49 €
3.300,00 €	35 %	13	1688	34,31 €	0,57 €
4.200,00 €	35 %	13	1688	43,67 €	0,73 €

In der obigen Tabelle werden vereinfachend alle Personallohnnebenkosten zusammengefasst. In der Praxis ist es jedoch so, dass nicht alle Mitarbeiter die gleichen freiwilligen Leistungen erhalten und sogar genau die Mitarbeiter, die für spätere Effizienzkennzahlen relevant wären, genau die sind, die auch die höheren Zuwendungen erhalten. Daher ist es optimal, wenn Sie die Personallohnnebenkosten pro Mitarbeiter ermitteln könnten. Dazu wäre es notwendig, alle Personalausgaben des vergangenen Jahres durchzugehen und diese den Mitarbeitern zuzuordnen. Schulungen lassen sich z. B. den Mitarbeitern einzeln zuordnen. Die Kosten für eine Weihnachtsfeier können durch die Anzahl der Köpfe umgelegt werden usw.

Auch hier gilt abzuwägen, wie viel zusätzliche Arbeit Ihnen diese Einzelerfassung im Vergleich zu der zusammengefassten Darstellung der Personallohnnebenkosten macht und welchen zusätzlichen Nutzen es bietet. Sicherlich ist diese Anstrengung einmalig vorzunehmen, um wenigstens zu der Erkenntnis zu kommen, wie unterschiedlich die Nebenkosten pro Mitarbeiter anfallen. Befinden sich die Ausgaben in einer Toleranzbreite von +/– 5 %, würde ich die einfache Zusammenfassung und Vereinheitlichung für das kommende Jahr beibehalten und einmal im Jahr überprüfen. Gegebenenfalls trennen Sie die Nebenkosten nach Berufsbildern, da erfahrungsgemäß mit Höherqualifizierten auch höhere Ausgaben einhergehen.

3.4.5 Personalkosten je Kunde

Ermitteln Sie, wie viele tatsächlich zahlende Kunden im Jahr in die Apotheke kommen (Bonkunden einmal zählen – ohne Kunden, die für Abholungen erneut kommen müssen) und stellen diese ins Verhältnis zu Ihren Personalkosten.

Personalkosten je Kunde = Personalkosten gesamt ÷ Anzahl Bonkunden

Eine inhabergeführte Apotheke hatte 2011 durchschnittlich 2,65 bis 3,50 € Personalkosten je Kunde. Eine Center-Apotheke liegt deutlich unter den Durchschnittswerten. Wie auch bei Personalkosten je Packung gilt hier die Unterscheidung zwischen Inhaber- und Filialapotheken (+ ca. 1 €/Kd.).

Die Personalkosten sind durchaus beeinflussbar. Wichtig ist ein gut geplanter – an die Kundenfrequenz angepasster – Personaleinsatz. Dies kann sogar zu Ersparnissen führen und trotzdem die Dienstleistungsbereitschaft verbessern.

Berechnen Sie bitte Ihre eigenen und effektiven Werte. Nur so können Sie wirklich praxisrelevante Erkenntnisse gewinnen. Vor allem der Inhaber sollte hier den Satz »Was man nicht alles selber macht ...« überdenken. Manchmal sind die Tätigkeiten sehr teuer, die man als Inhaber meint »selber« machen zu müssen. Delegieren Sie bitte analog zu den Kompetenzen und letztendlich auch analog zu den Personalkosten. Zu hohe packungsbezogene Kosten sollten Sie durch eine Steigerung der Verkaufsmenge und/oder eine Verringerung des Aufwands in den Sollbereich bringen. Dies steuert das Controlling und überprüft es in regelmäßigen Abständen.

Gerade Versandhandel, Onlineshops und Heimbelieferungen nehmen bei Apotheken zu und die dazu gehörenden Tätigkeiten werden vom bestehenden Personal »mitgemacht«. Hier stellt sich die Frage, ob vorher ein effizienter Einsatz der Personalkraft vorlag oder ob man nach und nach das Personal überlastet. Wie hoch sind also die Kosten versus Einnahme pro »Packung«? Werden zum Beispiel nur wenige Wirkstoffe verblistert, haben Sie das gleiche Handling, aber zu kleine Einnahmen dazu. Daher gilt es genau zu rechnen. Derzeit wird geschätzt, dass ca. 25–30 % der Blisterungen nicht rentabel sind.

Leistungsgerechte Vergütung der Rezeptur
(Anhebung der Rezepturzuschläge)

Rezepturbearbeitungszeiten einer durchschnittlichen Apotheke

	Ertrag				Kosten		+/−
	Festzuschlag 90% vom AEP	Rezepturzuschlag	abzgl. Apothekenabschlag	Netto-Rezeptur-Vergütung	Bearbeitungszeit (in min.)	Vollkosten	Fehlbetrag
1	6,06 €	2,50 €	−0,83 €	7,72 €	36,0	27,36 €	−19,64 €
2	2,42 €	5,00 €	−0,57 €	6,85 €	37,7	28,63 €	−21,78 €
3	1,91 €	2,50 €	−0,36 €	4,05 €	17,3	13,17 €	−9,12 €
4	1,40 €	5,00 €	−0,46 €	5,94 €	14,0	10,64 €	−4,70 €
5	17,16 €	14,00 €	−2,77 €	28,39 €	177,5	134,90 €	−106,51 €
6	1,63 €	5,00 €	−0,48 €	6,14 €	40,3	30,65 €	−24,51 €
7	2,74 €	5,00 €	−0,61 €	7,13 €	16,3	12,41 €	−5,28 €
8	7,06 €	5,00 €	−1,10 €	10,97 €	48,7	36,99 €	−26,02 €
9	1,63 €	5,00 €	−0,50 €	6,13 €	53,3	40,53 €	−34,40 €
10	4,94 €	5,00 €	−0,86 €	9,08 €	29,0	22,04 €	−12,96 €
11	6,42 €	5,00 €	−1,02 €	10,39 €	37,3	28,37 €	−17,98 €

Vollkosten pharmazeutisches Personal: 45,50 €/h = 0,76 €/min

(1) Betnesol-V-crinale 0,1%, Vioform 1% 30 ml Lösung, (2) Glucose monohydrat 2,5g, Menthol 0,05g Ger. Wasser 5g, Eucerin wasserfrei 10g, Neutralöl ad 50g, (3) Pyoktanin in 0,2% 10 ml, (4) Metronindazol 0,3g, Basiscreme DAC ad 30g, (5) L-Tryptophan Pulverkapseln 25 x 1g, (6) Mandelölsalbe mit Cortison (Cera alba 3,15g, Dickflg. Paraffin 2,6g, Ol. Amygdal. 19,25g, Hydrocortisonacetat 0,125g), (7) Hydrocortison 0,3g, Clotrimazol 0,3g, Basiscreme DAC ad 30g, (8) Hydrocortison 1g, Basiscreme DAC ad 100g, (9) Acid. Sal. 3g, Ol. Oliv. Ad 100g, (10) Triclosan 2%, Unguentum Cordes ad 100g, (11) Urea pura 6g, Aqua pur. q.s., Ungt. Leniens ad 200g

Abb. 19: Vergütung von Rezepturen
Quelle: http://www.abda.de/fileadmin/assets/Pressetermine/2012/PK_Apothekenlandschaft_2012/Folien_PK_Apothekenlandschaft_2012.pdf, 2.4.2013

In der obigen Grafik erkennen Sie Vergleichswerte der ABDA zu diversen Rezepturbearbeitungszeiten. Empfehlenswert ist an dieser Stelle wieder nicht der permanente Vergleich mit anderen Apotheken, sondern die Schaffung von Normwerten für *Ihre* Apotheke, so dass diese als Orientierung für Mitarbeiter eingesetzt werden können oder gar als Anreiz innerhalb eines Prämiensystems. Zeit senken bei gleichbleibender Qualität! (sofern erkennbarer Bedarf vorliegt).

3.4.6 Personalkosten je Packung/Dienstleistung

Werten Sie bitte aus, wie viele Packungen Sie durchschnittlich pro betrachtetem Zeitraum abgeben. Je nach Lage und Beratungsintensität kann die Spannbreite von 55.000 bis 120.000 (nur Arzneimittel) liegen und enorm unterschiedlich sein.

Personalkosten je Packung = Personalkosten ÷ Anzahl Packungen

Je kleiner das Ergebnis, umso effizienter wird gearbeitet. Die Personalkosten verteilen sich auf mehr Packungen. Der Durchschnittswert für inhabergeführte Apotheken lag 2012 bei 2,30 bis 2,60 €/Packung. Die Tendenz ist steigend, da Personalkosten stetig wachsen und Packungszahlen sinken. Im Zuge von gesetzlichen Änderungen wie AMNOG oder Rabattverträgen ändern sich diese Zustände. Überprüfen Sie daher im Zuge des Controllings etwa zweimal pro Jahr solche Durchschnittswerte. Je größer die Schwankungen bei Personalkosten sind, desto öfter sollte nachgerechnet werden, jedoch maximal viermal im Jahr.

Ein wichtiger Faktor innerhalb des Personalmanagements ist die *Mitarbeiterzufriedenheit*. Messen Sie diese (anonym) in regelmäßigen Abständen, jedoch mindestens einmal jährlich. Mit diesem Thema geht oft die Einführung eines Verbesserungsvorschlagssystems und entsprechender Boni einher. Mitarbeiterführung ist ein sehr wichtiges Themengebiet, mit dem Sie sich gezielt und mit weiterer Literatur auseinandersetzen sollten. Der Faktor Mensch steht stets vor den Kennzahlen!

3.5 Kunden- und Marketingkennzahlen

Mit allen Kundenmaßnahmen gehen in der Regel auch Ausgaben einher, die sich als Werbekosten oder Marketing klassifizieren lassen. Controlling in diesem Bereich bedeutet, Sie überprüfen, welche Ausgaben mit welchem Erfolg einhergehen. Sinnvoll ist zunächst die Zuordnung der Ausgaben zu den Aktionen. Wie viel Geld geben Sie für Flyer, Zugaben oder z. B. Schaufensterdekoration aus. Das, was am meisten Kapital bindet, sollte auch mit dem größten Effekt (Kundengewinnung) einhergehen. Wie auch in vielen anderen Fällen lässt sich das jedoch nicht auf einzelne Maßnahmen herunterbrechen und umgekehrt sind auch oft Einzelmaßnahmen nicht individuell messbar. So kann bei ein- und derselben Marketing-Aktion der Erfolg völlig unterschiedlich ausfallen, weil zum Beispiel das Wetter am Aktionstag schlecht ist. Daher halte ich an dieser Stelle vielmehr die klare Kostenaufteilung und -übersicht für empfehlenswerter als die Berechnung von Kennzahlen.

Es gilt zu hinterfragen, welche Maßnahmen welche Kunden anlocken. Wie viel Geld geben Sie für Kunden aus, die Sie bereits haben (Stammkunden) und halten möchten, und wie viel geben Sie aus, weil Sie hoffen, dass neue Kunden zu Ihnen kommen. Die Konsequenz aus diesen Erkenntnissen mündet in sehr cleveren Marketingmaßnahmen, denen Sie sich separat widmen sollten. Grundsätzlich fällt mir jedoch auf, dass überwiegend Geld für Werbung und Flyer ausgegeben und nach dem »Prinzip Hoffnung« auf Erfolg gewartet wird. Wünschenswert wären mehr Ausgaben für die Kunden, die Sie bereits über viele Jahre als Stammkunden haben und gerne behalten möchten. Versuchen Sie herauszufinden, warum Kunden bei einer anderen Apotheke sind und nicht bei Ihnen. In vielen Branchen hat sich bereits gezeigt, dass die Gewinnung von Neukunden deutlich teurer ist als die Pflege und Optimierung des bestehenden Kundenstamms. Oft lockt man neue Kunden nur aufgrund von Angeboten an. Ein nicht unerheblicher Teil kommt nur deswegen und bleibt Ihrer Apotheke wieder fern, wenn Sie keine Steigerung und Abwechslung der Angebotsvielfalt aufzeigen können.

Wer zusätzlich einen Onlineshop oder/und Versandapotheke betreibt, muss separate Kundendatenbanken führen, die mit intelligenten EDV-Systemen geführt werden sollten.

Legen Sie Ihr Augenmerk auf die Entwicklung der Kundenkennzahlen. Wie entwickeln sich folgende Kundenaspekte:

- Wie viele Kunden kommen insgesamt?

- Wie viele Kunden sind pro Zeiteinheit nicht mehr erschienen?

- Anzahl Kunden klassifiziert nach Geschlecht, Alter, Krankheitsbild, Ausgaben pro Kauf, Einkaufspräferenzen etc.?

- Wie ist die Kundenzufriedenheit?

▪ Wie ist die Zahl der Neukunden (und wie sind sie auf Ihre Apotheke aufmerksam geworden)?

▪ Wie ist der Anteil der Stammkunden (und warum bleiben sie)?

▪ Wie viele »Einmalkunden« besuchen die Apotheke pro Tag/Woche/Monat?

▪ Anzahl Kundenanrufe, -dauer, Grund/Bedarf?

▪ Anzahl und Dauer reiner Informationsgespräche?

▪ Welcher Kunde hat welche Spezialeinkaufskondition (hinterfragen Sie diese regelmäßig)?

▪ Wie oft sind Kinder in der Apotheke? Was biete ich ihnen?

▪ Ist eine bestimmte Zielgruppe im Fokus? (neue Trends beachten, z. B. Männer im Fokus)

▪ Was bieten wir Hundebesitzern, die ihren »Liebling« draußen anbinden müssen?

▪ Wie gehen meine Mitarbeiter mit kritischen Kundensituationen um?

▪ Wird eine Kundenkartei geführt? Bonussystem, Geburtstagsaktionen, Jubiläum etc. (der Kunden)?

▪ Sind die Wünsche und Anregungen von Kunden abgefragt und festgehalten worden? Wie aktuell sind diese Ergebnisse?

▪ Wie sind neue Besucher auf uns aufmerksam geworden?

▪ Wie können Berufstätige besser betreut werden (Firmenbesuche)?

▪ Wie häufig fallen Nachlieferungen an (nicht als Zweitbesuch erfassen!)?

▪ Wie viele Nichtverkäufe pro Zeiteinheit fallen an?

▪ Welche Kunden nehmen auch Dienstleistungen in Anspruch?

Aus den Antworten ergeben sich viele Maßnahmen, die Sie zur Erhöhung von Kundenzufriedenheit und somit des Erfolges der Apotheke ergreifen können.

Zusammenfassend lässt sich sagen, dass es in Sachen Kundenbindung und Marketing wichtiger ist, welche Maßnahmen man ergreift, statt ihre Kosten mit Kennzahlen zu verfolgen. Die Kundenzufriedenheit steht und fällt mit der Vision der Apotheke und der individuellen Vorstellung des Inhabers. Hier lassen sich also keine Branchendaten zum Vergleich nehmen. Aus Erfahrung – branchenübergreifend – lässt sich jedoch sagen, dass mit steigenden Ausgaben für Werbung und Marketing auch der Bekanntheitsgrad und in der Folge auch die Kundenzahlen steigen. Ich halte es jedoch nicht für erstrebenswert, ganz viele Kunden zu haben, die von Angebot zu Angebot pilgern und enttäuscht sind, wenn es gerade kein tolles Angebot gibt. Dies geschieht, wenn Sie nur mittels Angebote auf sich aufmerksam machen. Aktionen wie »20 % auf alles« oder »happy hour« sind beliebt, aber es ist auch bekannt, dass kaum ein überproportionaler Mehrverkauf stattfindet und zusätzliche Gewinne nicht erzielt werden. Was nützen also ganz viele Angebotsjäger, die auch nur das kaufen, an dem Sie kaum Gewinn haben? Sie erkennen also, wie wichtig die richtige Wahl der Marketingmaßnahme ist, statt der puren Zahlen, die sich daraus ableiten.

3.5.1 Kundenzahlen je Zeiteinheit

Je genauer Sie die Kundenströme zuordnen können, umso besser können Sie das Personal einteilen und somit Personalkosten planen. Analysieren Sie Ihre Spitzenzeiten und umgekehrt – wann benötigen Sie welches Personal?

Ähnlich wie bei den Personalkosten, können Sie zwischen Personaleinsatz und Kundenzahl in den jeweiligen Zeiten Verhältnismäßigkeiten bilden. Auch hier bitte ich die Controller um Sensibilität im Umgang mit den Ergebnissen. Natürlich kann es für erstrebenswert gehalten werden, dass ganz wenig Zeit pro Kunde zur Verfügung steht. Nur mit welchen Folgen? Kunden fühlen sich nicht wichtig genommen, »schnell abgefertigt« oder gar nicht ausreichend gut beraten? Kundenverluste sind die Folge und das ist absolut nicht erstrebenswert.

3.5.2 Kundenzufriedenheit

Um auf einige Antworten zur Kundensituation zu kommen, benötigen Sie eine Kundenumfrage. Bitte achten Sie auf einen aussagefähigen Befragungsbogen. Sehr häufig begegnet mir ein Bogen mit jeweils fünf Antwortkästchen zu gegebenen Fragen. Dies ermöglicht einem Kunden, der möglicherweise in Zeitnot ist oder/und keine wirkliche Motivation hat, fundiert zu antworten, einfach nur das mittlere Feld anzukreuzen. Die Tendenz zur Mittelmäßigkeit ist dann eine Gefahr, wenn Sie eine ungerade Anzahl an Antwortkästchen vorgeben. Bitte definieren Sie entweder 4 oder 6 Antwortkästchen. So zwingen Sie Ihren Kunden, tendenziell gut oder tendenziell schlecht zu beurteilen. Mit vier Kästchen überlasten Sie den Kunden nicht, mit sechs Kästchen können Sie tiefere Erkenntnisse gewinnen. Bitte lesen Sie in Marketingliteratur, wie auf einzelne Kundentypen einzugehen ist und mit welchen Mitteln Sie eine höhere Kundenbindung erzielen können. Literaturhinweise finden Sie am Ende des Buches.

Befragen Sie Ihre Kunden nach dem subjektiven Empfinden, wie sie mit dem Angebot und der Dienstleistung Ihrer Apotheke (u. a. Raumausstattung wie Blumen, Temperatur, Duft, Waage, Aufsteller, Licht, Freundlichkeit der Mitarbeiter...) zufrieden sind. Die Auswertung kann zur Verbesserung und Optimierung des Angebotes, aber auch als Grundlage zur Ausschüttung von Mitarbeiter-Boni dienen.

Das Controlling würde einerseits die Daten auswerten und andererseits Ideen entwickeln, wie Verbesserungen zu erzielen sind. Ebenfalls liegt es in der Hand des Controllings, nachzusetzen und stetig zu überprüfen, wie weit die Maßnahmen umgesetzt worden sind.

Die Kunden passen sich oft, ob bewusst oder unbewusst, Ihrer definierten Strategie an. Zielen Sie überwiegend auf Discount, Masse und Aktionen, so ziehen Sie immer mehr Kunden an, die nur der Angebote wegen kommen und umgekehrt. Kunden schätzen ein klares Bild, eine klare Positionierung. Stellen Sie sicher, dass *Sie* es sind, der Trends definiert und Kunden lenkt. Wenn Sie immer nur *re*agieren, wird Ihnen ein konsequentes Kundencontrolling nicht besonders hilfreich sein. Beispiel: Sie messen regelmäßig Kundenzahlen. Wenn ein Kunde nun mit einem Angebotsflyer der Nachbarapotheke zu Ihnen kommt und Sie gewähren ebenfalls diesen Nachlass, so hat der Kunde ein Erfolgserlebnis und kommt wahrscheinlich wieder. Wird er dann aber bereit sein, Ihre regulären Preise zu zahlen oder erwartet er dann wieder einen Nachlass? Wenn Sie klar im Auftreten sind, passen sich Kunden eher an, und Sie können dann die Bon-Werte und Warenkorbwerte pro Kunde etc. besser interpretieren.

3.5.3 Umsatz je Kunde (Korbumsatz)

Korbumsatz = Zielumsatz non-Rx ÷ non-Rx-(Bon-)Kunde

Zunächst trennen Sie bitte wieder den Umsatz nach Rx und non-Rx. Wenn Sie Kunden haben, die häufig mit einem Rezept für ein hochpreisiges Arzneimittel kommen, so entsteht schnell beim Kunden die Erwartungshaltung, auch als besonders guter Kunde behandelt zu werden. Daher ist nicht nur wichtig, zu sehen, wie hoch der Umsatz ist, sondern auch den dazu gehörenden Rohertrag zu messen. Die Rezepte werden Sie annehmen, wie sie kommen, und wie Ihre umliegenden Ärzte verschreiben, ist von vielen Faktoren abhängig, die Sie gar nicht beeinflussen können. Daher liegt der Fokus hier auf dem Umsatz, den Sie im non-Rx-Bereich generieren und der durch zusätzliche Beratung beeinflussbar ist (Korbumsatz).

Die wirtschaftliche Lage der Apotheken zwingt Sie immer mehr dazu, Zusatzumsatz zu generieren und das ist leider sehr häufig gegen die Vorstellung der Mitarbeiter. Sehr häufig höre ich den Satz: »Ich möchte den Kunden nichts andrehen«. An dieser Stelle kann ich nur dringend zu einem guten Coaching raten. Es geht hier nicht um das Andrehen, sondern um sinnvolle Therapieergänzung. Definitiv sollten hier die Mitarbeiter durch Kollegen mit Vorbildfunktion (Chef) und mittels Coaching unterstützt werden. In vielen Apotheken sind sogar Prämien an den Korbumsatz gekoppelt und viele Lieferanten arbeiten schon seit Jahren mit Anreizsystemen bei Mehrabsatz.

Wie hoch sollte der wichtige Korbumsatz sein? Das hängt von der Ausgangssituation ab und wie viel Optimierungsbedarf vorliegt. Die Vorgabe leitet sich wieder aus dem strategischen Management der Apothekenleitung ab. Diese muss definieren, welche Soll-Werte für das Jahr zu erreichen sind. Wenn der Zielumsatz (getrennt nach Rx und non-Rx) definiert worden ist, wird er durch die Anzahl der Bon-Kunden geteilt, so dass der durchschnittliche Umsatz pro Bon-Kunde entsteht. Hier spielt es ebenfalls eine Rolle, wie viele Kunden Sie prognostizieren. Diese detaillierte Planung gelingt nur mit entsprechenden Marktkenntnissen. Schließen zum Beispiel andere Apotheken, so müssen unterjährig diese Zahlen angepasst werden, so dass für das Controlling neue Soll-Vorgaben entstehen. Diese Zahl sollte also monatlich gemessen und angepasst werden.

3.5.4 Rohgewinn je Kunde

Da der Umsatz aus den Kassensystemen generiert werden kann, werden oft nur die Bon-Werte (Umsatz) gemessen. Wie schon mehrfach in diesem Buch betont, ist jedoch der Gewinn entscheidend und in diesem Fall der Rohertrag. Messen Sie also nicht nur, wie viel der Kunde gekauft hat, sondern wie viel Rohertrag dabei übrig blieb. Ziel muss es sein, diesen Wert stetig zu erhöhen. Dies gelingt einerseits durch das Weglassen von Angeboten und andererseits durch aktive Empfehlung im Verkaufsgespräch. Es gilt, optimale Einkaufskonditionen zu erzielen und diese als Gewinne für die Apotheke zu belassen.

Die Vorgehensweise und Ansätze fürs Controlling sind analog zum Umsatz je Kunde anzugehen.

3.5.5 Anzahl Kunden (Neu-, Stammkunden)

Über Kundenkarten sollten Sie messen, wer Ihre Kunden sind (Zielgruppen) und wie sie sich verändern. Da das Kundenverhalten diesbezüglich sehr unterschiedlich ist, hat diese Kennzahl oft wenig Aussagekraft. So können beispielhaft zwar Kunden im Besitz Ihrer Kundenkarte sein, geben es aber beim Kauf nicht an, weil sie es vergessen haben (bzw. das Personal fragt nicht nach), oder es werden die Karten innerhalb von Familien oder Kollegenkreisen weitergegeben. Ebenfalls besteht die Gefahr, dass die Angaben nicht korrekt gemacht werden – »Hauptsache, es gibt Rabatt«. Empfehlung: Nutzen Sie nicht die Kundenkarte in Verbindung mit Rabatt auf Frei- oder/und Sichtwahl, sondern rein zur Steigerung der Beratungsqualität. Die automatisierte Rabattvergabe führt nicht zur erhöhten Kundenzufriedenheit. Denken Sie stattdessen über Bonussysteme nach, um Mehrumsatz anzuregen.

3.6 Lagerkennzahlen

Die Handhabung der Kennzahlen im Warenbereich ist für eine Apotheke sehr wichtig, da es um Kapitalkosten, Personaleinsatzplanung und Lieferfähigkeit geht. Mit der Lieferfähigkeit ist auch die Kundenzufriedenheit und somit der Gesamterfolg der Apotheke eng verbunden.

Die Beeinflussung der Lieferanten bietet wenig Spielraum und lässt sich auf folgende Schwerpunkte zusammenfassen:

■ Bündelung der Mengen bei Bestellungen,

■ Reduzierung der Anzahl an Lieferanten in Balance mit Ihrer eigenen Lieferfähigkeit,

■ genaue Bedarfsermittlung, nicht nur software-basiert, sondern auch orientiert an Trends der Region, Definieren von eigenen Trends, Jahreszeit u. Ä.,

■ ständige Optimierung der Lieferkonditionen; Betreuung durch Einkaufsprofis,

■ Kontrolle der Rechnungen der Lieferanten.

Zu hoher Vorrat an Produkten bindet in der Regel zunächst Kapital. Je genauer Sie auf Ihre Kunden eingehen können, desto weniger werden substituierbare Artikel nachgefragt. Ihre Empfehlungen »aus pharmazeutischer Sicht« sind für Kunden von großer Bedeutung. Gerade bei Rezepten erlebe ich, dass schlicht nur das abgegeben wird, wonach gefragt wurde, und Zusatzumsatz nicht generiert wird. Es gilt, den gesamten Einkaufsprozess zu optimieren. Das, was sinnvoll auch zu einer Indikation abgegeben werden kann, muss auch gut eingekauft worden sein. Daher sollte der Einkauf vom HV-Personal unterstützt werden, und umgekehrt sollte der Einkauf kommunizieren, welche Produkte den höchsten Stücknutzen haben und somit als Erstes empfohlen werden sollten. Dies erfordert viel Feingefühl vom Verkaufspersonal, so dass für den Kunden stets die optimale Beratung und Versorgung stattfindet und die Apotheke dennoch davon profitiert. Dies ist sicherlich nicht immer möglich. Hier sind Menschenkenntnis und Empathie gefragt. Im Controlling kann hier nur unterstützend gearbeitet werden. Einkaufstätigkeit ist von der Controlling-Tätigkeit zu trennen, daher wird hier nicht weiter auf den richtigen Einkaufsprozess eingegangen.

Warenkosten sind für die Apotheke der wichtigste Kostenblock. Sie beziehen aber darüber hinaus weitere Produkte und Dienstleistungen, etwa von Telefondienstleistern, Leasingagenturen, Versicherungen oder Werbeagenturen. Achten Sie auch hier auf Preis- und Qualitätsvergleiche, nutzen Sie Skonti und Rabatte.

Sehen Sie bitte die Lagerkennzahlen auch immer im Zusammenhang mit dem gesamten Ablauf der Apotheke. Die Höhe des Warenlagers hat sofort Einfluss auf die

Handlingkosten (von allen weiteren Kosten unabhängig). Große Vielzahl an unterschiedlichen Artikeln führt zu vielen Sonderabläufen und bindet Personalkapazitäten. Gibt es hier Handlungsbedarf (zum Beispiel bei Spezialrezepturen, Arzneimittelähnlichkeiten/-verwechslungen, teure und verfallsgefährdete Präparate)? Das Controlling hinterfragt hier solche Prozesse und bietet Hilfestellung bei Optimierung an.

3.6.1 Lieferfähigkeit/Defektquote

Bei der Beurteilung der Lieferfähigkeit steht die Toleranz der Kunden im Vordergrund. Es gilt zu entscheiden, wie hoch die kunden- und packungsbezogene Versorgungsfähigkeit ausfallen soll. Dies kann bis zu 90 – 95 % betragen. Ebenfalls spielen Boten- und Versandkosten eine Rolle. Je nach Konkurrenzsituation wird der Apotheker seine Entscheidung treffen. Alleine schon Apotheken mit eigenen Parkplatzmöglichkeiten haben hier einen Vorteil im Vergleich zu der Situation, dass der Kunde bei der Abholung seiner zunächst nicht lieferbaren Ware mühsam einen Parkplatz suchen oder gar Parkgebühren auf sich nehmen muss. Eine Verallgemeinerung ist leider auch hier nicht sinnvoll.

Die Defektquote bezeichnet das Verhältnis zwischen Nicht-Leistung und der Menge der Gesamtwünsche Ihrer Kunden. Mit Gesamtwünschen sind apothekenspezifische Anfragen zu Produkten, Rezepten oder/und Dienstleistungen gemeint. Eine Nicht-Leistung entsteht, wenn ein Kundenwunsch nicht erfüllt werden kann. Entsteht die Situation der Nicht-Leistung häufig, sind Mindestlagermenge und Aktualität des Warenlagers zu überprüfen.

Die Abholschokolode

In einem meiner Seminare erzählte mir ein Apotheker, dass er sehr wenige Lagermöglichkeiten hat und er daher sehr häufig für Kunden nachbestellen muss. Damit die Kunden aber nicht zu sehr verärgert sind, weil sie nochmals kommen müssen, hat er die »Abholschokolade« eingeführt. Dazu wählte er eine ausgesprochen leckere und attraktive Praline aus, die zum absoluten Renner wurde. Es führte sogar so weit, dass die Kunden enttäuscht waren, wenn er etwas vorrätig hatte.

Je weniger lieferfähig Sie sind, desto eher stellt sich auch die Frage nach dem Botenservice. Führen Einsparungen im Einkauf zu überhöhten Botenfahrten, hat die Apotheke keinen Gewinn daraus erwirtschaftet. Hier wacht das Controlling stets über diesen Vergleich: Kosteneinsparung im Einkauf vs. erhöhte Botenkosten. Auch hat das Personal stärker im Beratungsgespräch darauf zu achten, substituierbare Produkte zu kennen und aktiv anzubieten. Im gleichen Zuge gilt es über clevere Rhetorik, das Abholen durch den Kunden selbst attraktiver zu machen. Und wenn Sie gleichzeitig einen Bonuspunkt oder Taler mehr fürs Abholen vergeben, haben Sie sicherlich einen höheren wirtschaftlichen Vorteil als beim Botengang. Vergessen Sie auch nicht die Chance des zusätzlichen Einkaufs beim Abholen!

3.6.2 Lagerkosten

Lagerkosten sind keine eigenständige Kostenart, die Sie in der GuV oder BWA finden, sondern eine Kombination aus verschiedenen Faktoren:

- Einfluss auf die Liquidität,

- Kapital kann nicht zinsbringend angelegt werden,

- Zinskosten, wenn Ware fremdfinanziert werden muss,

- Raumkosten,

- Handlingkosten,

- Wertverlustrisiko,

- Gebühren Kommissionierer (Zinsbelastung oder Leasing).

Es wird immer moderner, dass sich Apotheker Kommissionier-Automaten einbauen lassen, auch wenn nicht unbedingt der hohe Lagerumschlag als Argument dahinter steht. Es geht um Arbeitserleichterung und die permanente Präsenz beim Kunden. Wenn diese Kundennähe auch tatsächlich effektiv ist und jedes Mal Zusatzumsatz generiert, so haben Sie sicherlich einen großen Beitrag zur Standortsicherung gemacht. Doch beachtet man die hohen Kosten und die Frage, wann es sich amortisiert, so sollte genau gerechnet werden, ob sich diese Investition gelohnt hat. Die Lagerkosten steigen mit der Belastung durch die Finanzierung des Kommissionierers einerseits, jedoch werden andererseits die Handlingkosten gesenkt. Beachten Sie dennoch Störungen, Reparaturen und sonstige Ausfälle, die wiederum mit dem Kommissionierer einhergehen!

> **Tipps zur optimalen Lagerhaltung:** ... gibt es nicht! Es sind mehrere Faktoren, die hier ins Gewicht fallen und die jeder einzeln abwägen und priorisieren sollte. Wie sehr können Sie es sich leisten, einen Kunden nicht direkt zu bedienen, und wie viel Lagerfläche steht Ihnen zur Verfügung? Je mehr Sie Richtung Kundenzufriedenheit tendieren, umso mehr entstehen Ihnen Handlingkosten (viele verschiedene Bestellungen), schlechtere Einkaufskonditionen (kleine Mengeneinheiten), Kapitalbindung (da Ware vorrätig gehalten wird und Sie nicht anderweitig investieren können) und Fehlerpotenzial (durch viele verschiedene Abläufe, Tätigkeiten und Informationen). Finden Sie Ihren akzeptablen Mittelweg und schulen Sie Ihr Personal vor allen Dingen dafür, dem Kunden besonders freundlich mitzuteilen, dass etwas nicht vorrätig ist und was stattdessen die Lösung ist.

3.6.3 Drehzahl/Lagerumschlag/Umschlagshäufigkeit

Die Drehzahl drückt aus, wie oft der Warenbestand in einem bestimmten Zeitraum (in der Regel pro Jahr) umgeschlagen bzw. verkauft wurde.

Drehzahl = Umsatz – Wareneinsatz ÷ durchschnittlicher Lagerbestand*
* bewertet zu Einstandspreisen

Den *durchschnittlichen Lagerbestand* errechnen Sie, indem Sie den Jahresanfangsbestand nehmen, alle Zugänge dazu addieren und den Endbestand wieder subtrahieren. Dieser Wert, dividiert durch 12, ergibt den monatlichen Durchschnittslagerbestand. Beachten Sie, dass Sie gleiche Werte miteinander ins Verhältnis setzen. Wenn Sie den *monatlichen* Lagerdurchschnittsbestand haben, setzen Sie den *monatlichen* Umsatz dazu ins Verhältnis etc.

Sind die Zu- und Abgänge relativ gleichmäßig oder ist der Zeitraum sehr kurz, kann man folgende Formel anwenden:

■ Lagerbestand= (Anfangsbestand + Endbestand) ÷ 2

Sind die Zu- und Abgänge nicht gleichmäßig oder ist der Zeitraum lang, sollte man folgende Formel anwenden:

■ Lagerbestand = (Anfangsbestand + 12 Monatsendbestände) ÷ 13

oder

■ Lagerbestand = (Anfangsbestand + 4 Quartalsendbestände) ÷ 5

Durchschnittlich erzielen Apotheken einen Wert von 8 bis 9; die besonders aktiven Apotheken schaffen > 11.

Eine hohe Umschlagshäufigkeit verbessert die Liquidität der Apotheke. Es bedeutet, Ihre Artikel werden stark nachgefragt, Sie haben eine hohe Kundenfrequenz. Sinkt der Umsatz bei gleichbleibendem Warenbestand oder erhöht sich der Warenbestand bei gleichbleibendem Umsatz, so verringert sich die Drehzahl. Die bestmögliche Drehzahl wird erreicht, wenn der Umsatz optimal ausgeschöpft wird und der Warenbestand im richtigen Verhältnis zum Umsatz steht. Eine lange Lagerzeit hat oft Qualitätseinbußen bei der Ware (Folge: Preisnachlässe oder auch Unverkäuflichkeit), Kosten für Lagerhaltung, blockierte Verkaufsfläche und Kapitalbindung zur Folge. Es gilt, die richtige Balance zu finden zwischen Lieferfähigkeit und einem niedrigen Lagerbestand. Eine häufige Ableitung lautet, dass kein Artikel länger als 3 Monate bevorratet werden sollte. Diese Artikel werden ausgelistet und erst bei Bedarf bestellt. Legen Sie sich hierzu eine Liste an mit »Langsamdrehern« und beachten Sie, ob es sich hierbei um klassische Saisonartikel handelt oder um Ware, die annähernd ganzjährig verlangt wird. Nur diese hat für unsere Betrachtung Relevanz. Die Empfehlung vom Controlling sollte weiterhin sein, herauszufinden, wer diese Artikel kauft. Erinnern Sie sich an das Walmart-Beispiel zu Beginn dieses Buches? Manchmal kann ein pro-aktives Vorgehen im Sinne einer Vorratsbestellung (sofern pharmazeutisch vertretbar) die Effizienz in den Prozess bringen.

Wenn von *Kapitalbindung/Kapitalkosten* für Ihr Lager die Rede ist, dann ist damit gemeint, dass Sie die eingelagerten Waren in der Regel bereits bezahlt haben und dieses Geld nun nicht anderweitig gewinnbringend anlegen können. Es entgehen Ihnen Zinseinnahmen. Gravierend wird es, wenn Sie die Ware tatsächlich mit Fremdkapital finanzieren müssen und echte Zinskosten anfallen. Dies kann noch als notwendig begründet werden. Was aber nicht als betriebswirtschaftlich sinnvoll zu sehen wäre, wären Überbestände, die Sie nicht abverkaufen. Eventuell haben Sie sich ja von einem guten Verkäufer dazu bewegen lassen, viel zu viel einzukaufen. Wenn Sie die Waren dann am Lager haben, haben Sie das Geld dafür bezahlt. Das ist echte Kapitalbindung, die Sie definitiv vermeiden sollten. Setzen Sie sich klare Grenzen, ab welcher »Anwesenheitsdauer« ein Produkt aus dem Sortiment genommen wird. Je nach Kundenanzahl bewegen sich diese Werte zwischen drei und sechs Monaten. Die Dauer ist aber nicht das einzige Kriterium. Ist der Einkaufswert zu gering, so sind eventuell die Prozesskosten des Aussortierens und Neubestellens höher, als wenn Sie den Artikel liegen ließen. Daher sollten Sie neben der Dauer auch einen Mindestwert festlegen. Erfahrungsgemäß liegt dieser bei ca. 25 bis 33 €. Optimieren Sie dies, indem Sie für Stammkunden, die seltene Produkte bei Ihnen kaufen, entsprechend kurz vor Fälligkeit bestellen. Die Kunden haben oft Verständnis dafür und »kooperieren«. Je besser Sie den Kundenbedarf einschätzen, umso weniger müssen Sie sich für alle Eventualitäten Ware auf Lager legen.

Ebenfalls schlägt der Verfall von rezeptpflichtigen Arzneimitteln teuer zu Buche. Berechnen Sie die Retourekosten bzw. den Verfall und stellen den Gewinn pro Packung dagegen. Wie häufig müssten Sie nun Packungen verkaufen, um den einen Verlust auszugleichen? Für eine verfallene Packung eines rezeptpflichtigen Artikels muss dieses Präparat ca. 30-mal verkauft werden, um den Verlust auszugleichen! Informieren Sie sich daher über die geltenden Rücknahmebedingungen verschiedener Lieferanten oder alternativer Abnehmer.

Fazit: Ich werde häufig gefragt, welches nun die optimale Lagerkennzahl ist. Hier sind wir wieder an dem Punkt, ob Kennzahlen der Kennzahl wegen gerechnet werden sollen oder ob praktische Aspekte nicht wesentlich wichtiger sind. Grundsätzlich halte ich die Sortimentszusammenstellung und die Einkaufskonditionen für wichtiger als eine optimale Lagerkennzahl. Wenn ich sehe, dass in vielen Apotheken manchmal mehr als zehn verschiedene Nasensprays gleichzeitig präsentiert werden und sie einen Jahresabsatz von 1.000 Packungen haben, dann werden jeweils 100 Packungen pro Hersteller bestellt. Können hier vernünftige Einkaufskonditionen erzielt werden? Hier gilt es, das Sortiment zu verschlanken und höhere Mengen bei weniger Herstellern zu beziehen. Wenn Sie Ware bündeln, haben Sie die Ware automatisch länger auf Lager. Wenn Sie aber dadurch bessere Einkaufskonditionen erzielen, ist dies viel besser als empfohlene durchschnittliche Lagerkennzahlen. Der bessere Einkaufsvorteil steht über allen Lagerkennzahlen.

Zwar erwartet der Kunde, dass er sein Medikament sofort erhält, damit er auch schnell gesund wird, aber auch hier sind manchmal Ängste der Mitarbeiter unberechtigt. Häufig reagieren Kunden mit Verständnis, und wenn Sie sogar eine kleine Belohnung erhalten (Bonuspunkte, »Abholschokolade«), dann bleiben sie entspannt. Oft spielen hier Rhetorik und Charme eine große Rolle. Denn welche andere Branche kann – so wie Sie – alles (pharmazeutisch-relevante) innerhalb so kurzer Zeit besorgen? Wieder einmal gilt es, ein Feingefühl zu entwickeln und eine gesunde Balance zu finden.

Tipp Lagerkennzahlen: Sie sollten nicht nach einer bestimmten Lagerkennzahl streben. Vielmehr ist ein attraktives Sortiment wichtig, das Sie zu guten Einkaufskonditionen erworben haben und zu richtig kalkulierten Preisen anbieten. Ich unterstelle Ihnen pharmazeutische Fachkenntnis und somit die Tatsache, dass Sie nichts bestellen, was Sie auch nicht glauben, verkaufen zu können. Bei attraktiven Einkaufskonditionen sollten Sie sich das Lager voll machen und diese Artikel mit richtigen Aufschlägen wieder verkaufen. Hier liegen Ihre Gewinne.

3.6.4 Lagerwert in Prozent vom Umsatz

Je niedriger der Wert Ihres Lagers, desto weniger Kapital ist gebunden, was Ihnen anderweitig zur Verfügung steht. Als Gegengewicht steht Ihr Anspruch auf gute Lieferfähigkeit. Durchschnittlich liegt der Lagerwert bei 6 bis 7 % vom Umsatz. Die Angaben zum Umsatz sollten Sie in Ihrer BWA vorfinden, die Vorratswerte lesen Sie aus der Bilanz ab. Vorsicht beim Einkauf von hochpreisigen Arzneimitteln. Sie erscheinen zunächst attraktiv, weil sie mit ihrem absoluten Rohgewinn besser zur Kostendeckung beitragen (3 % auf AEP). Auf der anderen Seite haben Sie aber ein höheres Risiko am Lager. Im Einkauf sind für hochpreisige Präparate erfahrungsgemäß nur geringe Einkaufsvorteile zu erzielen. Auch können Gebührenabzüge dazu führen, dass von den ohnehin niedrigen Rabatten fast nichts mehr übrig bleibt. Im Lager binden hochpreisige Arzneimittel erhebliches Kapital. Da zwischen Einkauf und Bezahlung durch das Rechenzentrum eine längere Zeitspanne liegt, müssen Sie in der Regel vorfinanzieren, was mit fehlender Liquidität und eventuellen Zinskosten einhergeht. Oft ist die Rückgabe an den Großhandel mit Retourenabschlägen verbunden, weil diese Artikel die zulässige Quote sprengen. Das kann 20 bis 40 % Gebührenabzug ausmachen und somit mehrere hundert Euro Wertverlust. Sind hochpreisige Arzneimittel sogar unverkäuflich oder verfallen, ist der Rohgewinnverlust natürlich noch gravierender.

Vernichtend kommt hinzu, wenn Privatpatienten die Rechnung mit Kreditkarte bezahlen möchten. Sie generieren zwar 3 % auf den Apothekeneinkaufspreis als Umsatz (+ Fixzuschlag), der Kunde aber begleicht die Gesamtrechnung und die Kreditkartengebühren (zwischen 1,5–3,8 %) gelten auf den Gesamtbetrag.

3.7 Sonstige Kennzahlen

3.7.1 Prozesskennzahlen

Hier gilt es zunächst, wichtige Tätigkeiten (Prozesse) zu definieren und von kleineren, weniger wichtigen, zu trennen. Hierzu eignet sich die zu Beginn vorgestellte ABC-Analyse. Sind die Hauptprozesse konkretisiert, gilt es im nächsten Schritt festzustellen, wer wie lange und eventuell warum diese Tätigkeiten ausführt. Gerade bei sich wiederholenden Tätigkeiten (z. B. Herstellung einer bestimmten Rezeptur) können dann optimale Zeiten als Vorgabe definiert werden. Diese Vorgehensweise ist in der Industrie seit Jahrzehnten gängig. Sind diese Prozesse definiert, kann dann der Personalzeitaufwand besser geschätzt werden und somit gerade bei Teilzeitkräften die Arbeitszeit eingeplant werden. Letztendlich ist das Ziel, Personal so effizient wie möglich einzusetzen und Kosten zu sparen, indem nicht zu viel Personal eingesetzt wird. Diese Vorgehensweise funktioniert nur, wenn in der Apotheke die Prozesse auch klar eingehalten werden können. Wird extrem an Personal gespart, so kann sehr häufig eine Arbeit nicht vervollständigt werden und wird ständig unterbrochen. Dann dauert natürlich der ganze Prozess länger, da immer entsprechende »Rüstzeiten« auflaufen. Zudem leidet die Qualität und am Ende sind dann alle froh, die Arbeit überhaupt »geschafft« zu haben.

Welche Hauptprozesse finden Sie in den jeweiligen Bereichen der Apotheke?

- HV-Bereich,
- Back-Office-Bereich,
- Warenhandling,
- reine Verwaltung,
- Liefer- und Logistikdienstleistungen,
- Versand/Onlineshop.

Je genauer Sie die Abläufe in der Apotheke erfassen, desto genauer können die Kosten zuordnet und später bei der Preiskalkulation berücksichtigt werden. Im Zuge des Qualitätsmanagements (QM) werden Prozessanalysen gemacht, die sehr umfangreich sind und daher in diesem Buch nicht vertieft werden können. Bei z. B. Apothekerverbänden gibt es QM-Beauftragte oder private Dienstleister, die Ihnen gerne bei Fragen weiterhelfen.

Bei der Betrachtung der Prozesse im Einkauf ist die Frage interessant, ob sich der Direkteinkauf rechnet oder ob Waren über den Großhandel bezogen werden sollen. Dazu sollten Sie trennen zwischen dem tatsächlichen wirtschaftlichen Vorteil, abgeleitet aus dem Prozesskostenvergleich und dem praktischen Beziehungsmanagement zum Direktlieferanten. Oft gehen mit Direktlieferungen zusätzliche »Vorteile« einher, die oft nur subjektiv vorteilhaft erscheinen. Wenn Sie dieses Beziehungsmanagement außen vor lassen und sich rein auf die Kosten der Bestellung konzentrieren, so ist es notwendig, alle relevanten Prozessschritte von Lieferantengespräch bis hin zur Warenanlieferung transparent zu machen. Hierzu gibt es Ergebnisse im Markt, wie z. B. von Prof. Dr. Thomas Wilke und Prof. Dr. Kai Neumann von der Hochschule Wismar aus dem Jahr 2005. Fazit dieser Studie lautet, dass der Einkauf über Direktlieferanten mehr Kapazitäten bindet und die opportunen Kosten über einen höheren Rabatt ausgeglichen werden müssen. Der Rabattvorteil zum Großhandel hin sollte bei etwa 5 % und besser liegen. Darüber hinaus sollte der Einkaufswert mind. 375 € (mit mind. 23 % effektivem Rabatt und Skonto) betragen und die Lagerdauer nicht länger als drei Monate betragen. Unberücksichtigt an dieser Stelle ist, welche weiteren (oft privaten) Vorteile der Direktlieferant bietet, die sich außerhalb des Rabatts bewegen.

Apotheken mit Kommissionierautomaten unterstellt man intuitiv Einsparungen in den Personalprozessen, sofern sie effektiv umgeleitet werden. Keine Apotheke kann aufzeigen, dass diese Automaten tatsächlich Arbeitskräfte ersetzt haben. Das heißt, die Fixkosten bleiben, aber die nun freien Kapazitäten der Mitarbeiter sollen umgeleitet werden in möglichst effiziente Maßnahmen. Die Einsparungen im HV-Bereich, die entstehen, weil der Mitarbeiter nicht mehr »nach hinten« muss, sollen in Beratungszeit (Zusatzumsatz) umgewandelt werden. Die Einsparungen im Bestellwesen können darin liegen, dass bei Teilzeitkräften tatsächlich Stunden gekürzt werden können oder eben Aufgaben übernommen werden, die den HV-Bereich oder/und den Chef entlasten.

Controlling spielt bei den internen Prozessen eine wichtige Rolle. Unterstützen Sie hier die Mitarbeiter bei der Definition der Prozesse und bei der Zuordnung der jeweiligen Personalkosten. Die Einhaltung der Soll-Vorgaben für sich wiederholende Tätigkeiten müssen praxistauglich und dennoch effizient sein. Bei strukturellen Veränderungen sollte ebenfalls überprüft werden, ob die Vorgaben noch gültig sind oder angepasst werden müssen. Es kann passieren, dass Mitarbeiter sich kontrolliert fühlen und eine Zeitmessung nur ungern mitmachen. Bitte erklären Sie die Hintergründe und den wirtschaftlichen Nutzen für die Apotheke und für die Sicherung der Arbeitsplätze. QM-zertifizierte Apotheken schätzen oft den Vorteil von klar definierten Prozessen.

3.7.2 Zeitaufwand je Packung (Handlingkosten)

Gehen Sie hier genauso vor wie bereits auch schon bei der Kennzahl Personalkosten pro Packung. Es gilt zu erfassen, wie viele Stunden effektiv gearbeitet wird. Im zweiten Schritt gilt es, wieder zu trennen nach Rx und non-Rx. Wie viel Controlling ist hier sinnvoll? Der Zeitaufwand, der mit einer Beratung einhergeht oder bei der Herstellung einer Rezeptur, ist nicht vergleichbar mit dem Aufwand, der bei Massenware entsteht, die Sie in einer Schütte haben. Da im non-Rx-Bereich sehr viele Kleinpackungen sind mit teilweise Werten im Cent-Bereich, wäre hier eine zu detaillierte Vorgehensweise zu aufwendig im Verhältnis zu dem Nutzen. Nutzen Sie diese Kennzahl daher nur für den Rx-Bereich.

Handlingkosten = Arbeitsstunden gesamt ÷ Anzahl Packungen

Aufbauend auf den zuvor genannten Erkenntnissen liegen hier die Durchschnittswerte bei 6 bis 7 min. Zeitaufwand je Packung (nur Arzneimittel). Versand und Heimlieferungen fallen aus dieser Betrachtung heraus.

Sehen Sie diese Berechnungsansätze als sportlichen Anreiz und hinterfragen Sie die Tätigkeiten in Ihrer Apotheke, die man »eben schon immer mal schnell gemacht hat«: Welcher Gewinn kann gegengerechnet werden? Bedenken Sie bitte auch, dass Schnelligkeit nicht mit dem gleichen Maß an Qualität einhergeht.

Gewinnen Sie bei der zeitbezogenen Messung Erkenntnisse über:

- Spitzen- und Schwachlasten,

- Stundenumsätze, -erträge (Betriebs- und Unternehmensergebnis),

- Relation zwischen Personaleinsatz und Kundenzahl in den jeweiligen Spitzen- und Schwachzeiten.

3.7.3 Kennzahlen zu Verordnungen Ihrer Ärzte

Angaben zum Verordnungsverhalten der Ärzte sehe ich wieder vor allem im Sinne des proaktiven Controllings. Reagieren Sie nicht erst dann, wenn der Arzt nicht mehr da ist, sondern setzen Sie sich zum Ziel, mindestens zweimal im Jahr aktiv auf Ihre Ärzte zuzugehen, um eine positive Beziehung zu pflegen. Es ist nicht zu vermeiden, dass, wenn Sie im Zuge Ihres strategischen Managements Ihre Umsatzentwicklung planen und Soll-Zahlen fürs Controlling vorgeben, Sie auch einschätzen können, wie sich Ihr Rx-Umsatz entwickeln wird. Dazu sind veröffentlichte Statistiken hilfreich, aber eben auch das persönliche Gespräch.

Doc Morris-Flyer im Wartezimmer der Hausärztin

Vor einiger Zeit war ich mit einer Erkältung bei meiner Hausärztin. Während einer langen Wartezeit fielen meine Blicke zu den anderen Patienten, zu den Plakaten an den Wänden, zum Fenster hinaus oder zu dem Zeitschriftentisch ... Die auffällig grünen Flyer mit dem 5-Euro-Gutschein oben sind mir sofort ins Auge gefallen und immer wieder fiel mein Blick darauf zurück. Ich habe dann heimlich alle mitgenommen und die umliegenden Apotheken um Meinung dazu gebeten. Diese möchte ich hier lieber nicht zitieren. Bei der Nachfrage aber bei der Praxis stellte sich heraus, dass die Flyer »einfach von einem netten Herren mitgebracht wurden, der auch ein Eis oder andere nette Sachen dabei hatte, und nett gefragt hat, ob er die Flyer hinlegen darf«. Die Ärztin selbst ist gar nicht darin involviert gewesen.

Was nehmen Sie aus dieser Geschichte mit? Es ist auch ab und an notwendig, während der Sprechzeiten bei Ihren umliegenden Ärzten vorbeizuschauen und auch mal nett zu sein (z. B. einen Stapel grüner Rezepte vorbeizubringen und ein Eis ☺). Pro-aktives Beziehungsmanagement!

Bleiben Sie auf dem Laufenden, wie sich diese Strukturen verändern. Hier eine von der GKV veröffentlichte Zusammenfassung, aus der Sie ableiten können, welchen voraussichtlichen Umsatz Sie mit den Ärzten in Ihrem Einzugsgebiet generieren könnten. Auch Ihr Apothekerverband liefert dazu regelmäßige Statistiken. Fragen Sie diese zur Unterstützung an.

Arztgruppe	GKV-Umsatz in Euro brutto	GKV-Umsatz in Euro netto circa	Wert je VO in Euro netto circa	Zahl VO 2010	Rang nach Umsatz	Rang nach VO-Zahl
Hämatologen/ Onkologen	1.305.000	1.089.000	298,10	3.653	1	7
Nervenärzte	641.000	529.000	100,70	5.255	2	4
Neurologen	613.000	509.000	169,30	3.007	3	8
Pneumologen	432.000	355.000	71,30	4.979	4	5
Nephrologen	375.000	309.000	84,50	3.656	5	6
Weitere Internisten	366.000	302.000	106,80	2.828	6	9
Hausärztlich tätige Internisten	334.000	268.000	32,50	8.252	7	1
Hausärzte	262.000	209.000	27,00	7.732	8	2
Psychiater	204.000	167.000	68,60	2.436	9	11
Sonstige	202.000	166.000	89,90	1.846	10	14
Urologen	201.000	165.000	69,80	2.364	11	12
Gastro- enterologen	197.000	163.000	122,20	1.334	12	17
Hautärzte	132.000	107.000	39,00	2.742	13	10
Kinderärzte	114.000	88.000	15,10	5.837	14	3
Gynäkologen	73.000	59.000	45,10	1.308	15	18
Augenärzte	72.000	58.000	29,30	1.980	16	13
Kardiologen	62.000	50.000	44,20	1.132	17	19
HNO-Ärzte	56.000	45.000	26,80	1.681	18	15
Anästhesisten	54.000	44.000	76,70	574	19	21
Orthopäden	54.000	43.000	27,60	1.559	20	16
Chirurgen	24.000	19.000	25,70	739	21	20
Alle Ärzte	212.000	171.000	38,30	4.464		

* GKV-Fertigarzneimittel ohne Rezepturen, Hilfsmittel, Praxisbedarf. Nettoware nach Abzug von Umsatzsteuer und pauschalem Apothekenrabatt.

Abb. 20: Verordnungsvolumen nach Ärzten (2010)

3.7.4 Marktanteil

Der Marktanteil kennzeichnet die Bedeutung der Apotheke am Gesamtmarkt, in dem sich die Apotheke befindet. Sie gibt Auskunft über Ihre Konkurrenzstärke.

Messen Sie den Marktanteil einmal mit den verkauften Packungen (= Absatz) und einmal mit Umsatzerlösen.

Marktanteil (%) = (eigener Ab-/Umsatz) x 100) ÷ Ab-/Umsatz aller Apotheken

Der Marktanteil kann sowohl mengen- als auch wertmäßig definiert werden und sich auf den Gesamt- oder auch auf einen Teilmarkt beziehen.

Schwierigkeiten bei der Bestimmung des Marktanteils liegen in der Bestimmung des relevanten Marktes sowie in der Beschaffung der Zahlen über den Gesamtabsatz (Marktvolumen).

Anhaltspunkte können Sie gewinnen aus Absatzstatistiken des Landesapothekerverbandes, Daten statistischer Ämter oder durch Einkauf spezieller Daten bei Marktforschungsinstituten (z. B. Nielsen und der GfK-Nürnberg). Wenn Ihr Steuerberater eine repräsentativ große Anzahl an Apotheken betreut (oder diese Daten einkauft), wird er Ihnen sicherlich ebenfalls diese Daten zur Verfügung stellen.

Die obige Berechnung ist vor allen Dingen dann infrage zu stellen, wenn sich die einzelnen Marktteilnehmer mit Preisschlachten bekriegen. Dann sinkt permanent der Umsatz. Wer dann noch den meisten Umsatz erzielt hat, ist Marktführer – aber zu welchem Preis? Die Beherrschung des Marktes ist betriebswirtschaftlich nur dann sinnvoll, wenn Sie auch entsprechende Gewinne erwirtschaften. Häufig werden die Berechnungen von Marktanteilen mit dem Absatz – also abverkaufter Menge – berechnet (Marktvolumen). Man kann sich dabei auf den Gesamt- oder auch auf einen Teilmarkt beziehen. Die Berechnung des Marktanteils bringt oft nur bedingt einen echten Nutzen, wie auch der Vergleich der Kundenzahlen mit denjenigen Ihrer Mitbewerber. Wenn Ihnen die Einwohnerzahl Ihres Ortes/Einzuggebietes bekannt ist und Sie dazu die Menge Ihrer Stammkunden ins Verhältnis setzen, so wäre denkbar, dass Sie bei einem hohen Anteil an Stammkunden in Ihrer Apotheke Marktführer wären. Sie wissen aber nicht, ob der gleiche Kunde auch in der Mitbewerberapotheke eine Kundenkarte hat und auch dort als Stammkunde gezählt wird. Da der Kunde seinen Euro aber nur einmal ausgeben kann, stellt sich die Frage, wer nun mit den gegebenen Kunden den höchsten Umsatz erzielt hat. Dies könnte allerdings nur korrekt beantwortet werden, wenn Ihnen die einzelnen Umsätze der unmittelbaren Wettbewerber bekannt wären.

Formelsammlung und verwendete Abkürzungen

Verwendete Abkürzungen:

AEP	Apothekeneinkaufspreis
AfA	Abschreibungen (für Anlagevermögen/-Abnutzung)
AI	Anlagenintensität
AV	Anlagevermögen
BEP	Break-Even-Point
CF	Cashflow
EK	Eigenkapital
EP	Einkaufspreis
EKQ	Eigenkapitalquotc
FK	Fremdkapital
FKQ	Fremdkapitalquote
kfm.	kaufmännisch
MwSt.	Mehrwertsteuer
UI	Umlaufintensität
UV	Umlaufvermögen
VG	Verschuldungsgrad
VK	Verkaufspreis
WE	Wareneinsatz

Mehrwertsteuer hinzuschlagen	= Nettopreis (kfm. gerundet) x MwSt.-Faktor
Mehrwertsteuer herausrechnen	= Bruttopreis ÷ MwSt.-Faktor = Ergebnis Cent genau runden
Umsatzerlöse	= Menge x Preis (je nach MwSt. brutto oder netto)
Rohertrag	= Umsatz – Wareneinsatz bzw. Wareneinkauf
Betriebsergebnis	= Rohertrag – Betriebskosten + sonst. betr. Erträge
Finanzergebnis	= Zinserträge – Zinskosten
Unternehmensergebnis	= Ergebnis nach Steuer – Kalkulatorischer Unternehmerlohn
Verfügungsbetrag	Unternehmensergebnis – private Sozialabsicherung (Inhaber, evtl. Tilgung)

Gesamtkapitalrentabilität	= Gewinn ÷ Gesamtkapital der Apotheke x 100
Eigenkapitalrentabilität	= Gewinn ÷ Eigenkapital x 100
Fremdkapitalrentabilität	= Gewinn ÷ Fremdkapital x 100
Umsatzrentabilität	= Gewinn ÷ Umsatzerlöse x 100
Umsatzindex	= Umsatz abgelaufenes Geschäftsjahr ÷ Umsatz Vorjahr x 100
Cashflow	= Ergebnis nach Steuer + Aufwendungen, die nicht mit Ausgaben verbunden sind (z. B. AfA) – Erträge, die keine Einnahmen sind (z. B. Auflösung von Rückstellungen od. Buchgewinne)
Handelsspanne	= (VK – EK) ÷ VK x 100
Eigenkapitalquote	= Eigenkapital ÷ Gesamtkapital x 100
Fremdkapitalquote	= Fremdkapital ÷ Gesamtkapital x 100
Verschuldungsgrad	= Fremdkapital ÷ Eigenkapital x 100
Anlagenintensität	= Anlagevermögen ÷ Gesamtvermögen x 100
Umlaufintensität	= Umlaufvermögen ÷ Gesamtvermögen x 100
Personalleistung	= Umsatz ÷ Vollzeitkräfte
Drehzahl	= Umsatz – WE ÷ ø Lagerbestand
Marktanteil	= eigener Absatz (Umsatz) ÷ Gesamtabsatz (-umsatz) aller Apotheken x 100
Mehrumsatz	= [(Rohgewinn alt / Rohgewinn neu) – 1] x 100 %
BEP	= Fixkosten ÷ (Umsatz – Warenkosten)
VK	= Einstandspreis x (100 % + Aufschlag in %) ÷ 100 % Wenn Sie nun den Brutto-VK ermitteln möchten, so sind noch 19 % zu addieren: VK (netto) x 1,19 = VK (brutto)
Spanne (in %)	= (Verkaufspreis – Einstandspreis) x 100 % ÷ Verkaufspreis
Aufschlag (in %)	= (Verkaufspreis – Einstandspreis) x 100 % ÷ Einstandspreis
VK inkl. Aufschlag	= Einstandspreis (100 % + Aufschlag in %) ÷ 100
Liquidität 1. Grades	= Zahlungsmittel ÷ kurzfristige Verbindlichkeiten x 100
Liquidität 2. Grades	= (Zahlungsmittel + kurzfr. Forderungen) ÷ kurzfristige Verbindlichkeiten x 100
Liquidität 3. Grades	= (Zahlungsmittel + kurzfr. Forderungen + Vorrat) ÷ kurzfristige Verbindlichkeiten x 100
Insolvenzquote	= Restvermögen ÷ Gesamtforderung x 100
EBITDA	= Ergebnis nach St. – Steuer – Zinsen – AfA

Kennzahlen: finanzielle Stabilität	Ertragslagekennzahlen
Anlagenintensität = AV x 100 / Bilanzsumme Je niedriger, desto flexibler ist die Apotheke	**Eigenkapitalrentabilität** = Gewinn x 100 / EK Entscheidend ist, welcher »Gewinn« zugrunde gelegt wird
Investitionsquote = Nettoinvest. (Sachanl.) / Buchwert Je höher, desto mehr wurde investiert. Erfolgreich oder Flops? Erfahrungswerte über Jahre sammeln	**Gesamtkapitalrentabilität** = Gewinn x 100 / GK Entscheidend ist, welcher »Gewinn« zugrunde gelegt wird. Vergleich zum Kapitalmarktzins
Investitionsdeckung = AfA / Nettoinvestitionen (= Sachanlagenzugang) Sagt aus, in welchem Ausmaß Invest. aus Abschr. finanziert werden konnten. Wurden nur Ersatzinvest. getätigt oder echte Investitionen? Wenn Wert über 1, dann nur Ersatzinvestitionen	**Material-/Warenintensität** = Wareneinsatz x 100 / Gesamtleistung (= Erträge ohne Zinserträge) Stark schwankende Werte, daher kein Branchenvergleich möglich. Notwendig: Verlauf über Zeit messen
Eigenkapitalquote = EK x 100 / GK Je höher, umso kreditwürdiger	**Personalintensität** = Personalkosten x 100 / Gesamtleistung (= Erträge ohne Zinserträge) zw. 25 – 45 %. Wichtig, da bedeutender Kostenblock
Anlagendeckung = EK x 100 / AV Drückt aus, zu wie viel % das Anlagevermögen durch das EK finanziert wird	**Fremdkapitalzinsen in % vom Umsatz** = FK-Zinsen x 100 / Gesamtleistung Stets Kreditsituation überprüfen; Umschuldung andenken
Kreditorenziel in Tagen (Verbindlichkeiten bei Lieferanten) = Lieferantenverbindlichkeiten x 365 / Wareneinsatz Nach wie vielen Tagen werden Lieferantenrechnungen bezahlt. Sollte nur dann niedrig sein, wenn Lieferanten Skonti bieten	**Abschreibungen in % vom Umsatz** = AfA x 100 / Gesamtleistung ca. 3 %. Oder wird viel geleast? Bei Leasing ist das Anlagevermögen kleiner und somit sinkt die Sicherheit

Kennzahlen: finanzielle Stabilität	Ertragslagekennzahlen
Forderungsziele in Tagen = Kundenforderungen x 365 / Umsatz Nach wie vielen Tagen zahlen meine Kunden?	**Break-Even-Point in % vom Umsatz** = BEP x 100 / Gesamtleistung Wenn unter 100, wurde der Mindestumsatz nicht erreicht. Der Sicherheitsgrad gibt an, um wie viel % der Umsatz zurückgehen kann, bevor der BEP erreicht ist
Lagerdauer in Tagen = Vorräte x 365 / Wareneinsatz	**Cashflow in % vom Umsatz** = CF x 100 / Gesamtleistung Je höher, desto besser. Bei hohen AfA ent- steht autom. ein hoher CF
Liquidität 1. Grades = flüss. Mittel x 100 / kurzfr. FK Bitte monatlich erfassen und Entwicklungs- tendenzen beobachten	
Schuldtilgungsdauer in Tagen = (FK – flüssige Mittel) / Cashflow Auch Entschuldungsdauer genannt	

Literaturempfehlungen

Hassel, Martin: Fit für die Apothekenführung. Ein Praxisbuch für Einsteiger. 2. Aufl., Eschborn 2010.

Jung, Marcella: BWL kompakt. Der Apothekenberater für Ihre Wirtschaftlichkeit. Jung-Akademie, Mörfelden-Walldorf 2013.

Ott, Rüdiger: Marketing für Apotheker. 2. Aufl., Stuttgart 2008.

Wöhe, Günter; Döring, Ulrich: Einführung in die Allgemeine Betriebswirtschaftslehre. 25. Aufl., München 2013.

Stichwortverzeichnis

Sensible Daten

Bücher für die Apotheke online bestellen: www.govi.de

2011, 136 S., kartoniert,
ISBN 978-3-7741-1171-4

Patricia Kühnel

Apotheke und Datenschutz

€ *19,90*

In Apotheken ist der verantwortungsbewusste Umgang mit sensiblen Daten gefordert. Der Leitfaden »Apotheke und Datenschutz« zeigt anhand eines Rundgangs durch die Apotheke, was im Detail zu beachten ist, wo Handlungsbedarf besteht und wie Datenschutz konstruktiv umgesetzt werden kann.

Mehr Informationen unter www.govi.de

Bestellen Sie jetzt bei: Telefon 06196 928-250 · Fax 06196 928-259
E-Mail: service@govi.de